SHODENSHA
SHINSHO

古代豪族 葛城《かつらぎ》氏

章仁

祥伝社新書

序

「日本」という国が、いつ、どのようにして成立したのか。これは、誰もが強い関心を持つテーマであり、歴史上の大きな問題でもある。

たとえば、三世紀に邪馬台国《やまたいこく》を中心にして三〇あまりの小国連合が形成されていたこと、邪馬台国の女王・卑弥呼《ひみこ》が二三九年に中国の魏《ぎ》国に使者を派遣して金印、銅鏡一〇〇枚などをもらったこと、奈良県桜井《さくらい》市の纒向《まきむく》遺跡を邪馬台国に、最古の前方後円墳・箸墓《はしはか》古墳を卑弥呼の墓にあてる説が強いことなどは、広く知られている。

ところが、その後の古代国家形成の情況については未解明のままであり、多くの謎に満ちている。しかし、その謎を解く鍵《かぎ》が何もないわけではない。そのひとつが葛《かつら》城《ぎ》氏である。

葛城氏といっても、一般の読者にはなじみが薄いと思われる。現在広く用いられている高校教科書『詳説日本史』(山川出版社)を見ても、わずかに脚注で一度だけ登場するにすぎないが、そのことと古代史上での重要性はまったく別の問題である。

これに反して、五世紀代にしばしば中国・南朝に使者を派遣した「倭《わ》の五王（讃《さん》・珍《ちん》・済《せい》・興《こう》・武《ぶ》）」のことは広く知られている。葛城氏は、その時代に主に活躍した大豪族である。

この頃の中国は、北部から異民族が侵入、漢民族は南部に国家を移動させた。いわゆる南北朝時代であるが、その南朝・宋《そう》（四二〇〜四七九年）の歴史書である『宋書《そうじょ》』倭国伝《わこくでん》には、朝鮮半島北部から中国東北部を領域とする強大な国家である高句麗《こうくり》の、東南大海の中にある倭国王の讃が、四二一年に使者を派遣して貢物《みつぎもの》を献上したと記されている。

これ以降、倭国王は四七八年までの間に南朝・宋へ、少なくとも一〇回も遣使《けんし》朝貢《ちょうこう》を繰り返している。いわゆる「倭の五王」による南朝・宋との積極外交の展開である。これは倭国王ひとりの力で進めたことではなく、東アジアの倭国という古代国家、すなわちヤマト王権が行なった対外交渉である。五世紀代の歴史像を描くためには、このヤマト王権の実態をあきらかにする必要がある。

この激動の五世紀代にヤマト王権の内政・外交を主導して、天皇（倭国王）家に並

写真1　現在の葛城地域

（写真／梅原章一）

ぶ権勢を誇ったのが葛城氏である。

大和《やまと》の金剛《こんごう》山・葛城山東麓《ろく》を中心とする葛城地域〔現在の奈良県御所《ごせ》市・葛城市・香芝《かしば》市・北葛城郡。※以下、〔〕内は現在の地名〕を基盤とした葛城氏は、奈良盆地南東部を占める磯《し》城《き》・磐余《いわれ》地域〔奈良県桜井市・橿原《かしはら》市〕を本拠とする天皇家と、盆地南部を二分する関係にあった。

なお、葛城は古くは葛木と表記し、カヅラキと訓《よ》んだが、今日《こんにち》ではカツラギと称しているので、本書でもこれにしたがう。

ヤマト王権が南朝・宋と積極的な外交

を展開した背景には、四世紀後半以来の朝鮮半島における高句麗との対立、抗争があった。寒冷な地を領域とする高句麗は、温暖な土地を求めて南下策を採用、朝鮮半島南西部の百済《くだら》や南東部の新羅《しらぎ》を圧迫していた。百済や小国家が分立する朝鮮半島南部の伽耶《かや》（任那《みまな》）地域を通じて先進文物《せんしんぶんぶつ》の導入をはかるヤマト王権とは、常に対立的関係にあった。

当時のヤマト王権は、和・戦いずれにしろ積極的な対外政策の必要性に迫られていたわけだが、活発な外交活動はヤマト王権の倭国内での権力を強化する側面も存在したと思われる。

ただし、この時期のヤマト王権の実態は、基本史料である『記』・『紀』の記事の信《しん》憑《ぴょう》性もあり、十分に考察が行なわれていない面もある。このことは、五世紀末の第二十五代武烈《ぶれつ》天皇で五世紀の天皇家の系統が断絶、六世紀はじめに第十五代応神《おうじん》天皇の五世孫である継体《けいたい》天皇が即位するという、天皇家系統の交替も影響していると思われる。

天皇家と並列する力を持っていた大豪族・葛城氏は、五世紀末までには滅亡する。

そのため、その直接的な所伝が『記』・『紀』には採録されておらず、謎をいっそう深いものにしている。

本書では、ヤマト王権が東アジア世界に活発な対外交渉を展開した時期に、その政治を主導した葛城氏の実像と盛衰過程をあきらかにするとともに、当時のヤマト王権の実態解明にも取り組みたい。

それにより、あの巨大な前方後円墳が競《きそ》うように築造された、四世紀後半から六世紀初頭に至るヤマト王権の歴史像が鮮明になるだけでなく、六世紀前半から七世紀後半まで大臣《おおおみ》として権勢をふるった蘇我《そが》氏が、葛城氏と葛城地域に強く執着《しゅうちゃく》した理由も理解可能となり、日本古代史の全体像を見通すことができることになる。

なお、古代国家形成の舞台となった現在の奈良県地域は、奈良時代の天平勝宝《てんぴょうしょうほう》元（七四九）年以前は、おおむね大倭《やまと》と表記されたが、本書では、それ以降の表記である大和《やまと》を用いる。また、国号は主に対外交渉において使用されるものであるから、当時の日本の国号は、中国の歴史書にある倭国を用いる。

さらに、漢字二文字で記す天皇の名は、天平宝字《てんぴょうほうじ》六（七六二）年から同八年頃に、文人貴族の淡海三船《おうみのみふね》が撰定した中国風の死後の贈り名、すなわち漢風諡号《かんぷうしごう》であり、本来は『古事記《こじき》』・『日本書紀《にほんしょき》』(※以下、『記《き》』・『紀《き》』と略記し、引用記事の日干支《ひかんし》は割愛《かつあい》)などに記されていなかったものである。加えて、「天皇」という称号も本書が扱う時代には成立していなかったが、混乱を避《さ》けるために、漢風諡号と天皇号を使用する。

二〇一三年六月

平林《ひらばやし》 章仁《あきひと》

目次

第二章　天皇家と葛城氏の女性

第三章　葛城氏の権力基盤

第四章　遺跡から見る、渡来人との関係

第五章　葛城氏の滅亡

第六章 葛城氏滅亡後のヤマト王権

写真（指定以外）　平林章仁
図版作成　篠　宏行

第一章　葛城氏の誕生

邪馬台国《やまたいこく》と倭国《わ》

古代には、日本は倭あるいは倭国、日本人は倭人と呼ばれていた。

大陸では、ほぼ二〇〇年続いた統一王朝の後漢《ごかん》(二五~二二〇年)が滅《ほろ》びると、魏《ぎ》・呉《ご》・蜀《しょく》が鼎立《ていりつ》する三国時代となる。その歴史書『三国志《さんごくし》』の『魏書《ぎしょ》』東夷伝《とういでん》倭人条《じんのじょう》(『魏志《ぎし》』倭人伝《わじんでん》)は、いわゆる邪馬台国と女王卑弥呼についての記事として広く知られている。そこには、

倭人は帯方《たいほう》の東南《とうなん》大海の中に在《あ》り、山島に依《よ》りて国邑《こくゆう》を為《な》す。旧《もと》百余国。漢の時朝見《ちょうけん》する者あり。今、使訳《しやく》通ずる所《ところ》三十国。

とある。前漢《ぜんかん》(紀元前二〇二~紀元後八年)の歴史書『漢書《かんじょ》』地理志《ちりし》に「夫《そ》れ、楽浪海《らくろう》中に倭人有《あ》り。分《わか》れて百余国と為《な》る。」と記された後の倭で、政治的な統合が進展している情況を読み取ることができる。楽浪郡は、前漢の武《ぶ》帝が朝鮮半島〔平壌《ピョンヤン》付近〕に置いた直轄郡であり、帯方郡〔ソウル付近〕は二〇五年頃に楽浪郡の南部を割《さ》いて置かれた。

『魏志』倭人伝によれば、その国は七、八〇年ほど男王を戴《いただ》いてきたが、大乱を鎮《しず》

めるため国々に共立された邪馬台国の女王・卑弥呼は、二三九年六月に使者を魏の都・洛陽《らくよう》に派遣した。魏の明帝《めい》は遠路貢朝《こうちょう》した彼女を親魏倭王《しんぎわおう》に任命し、金印と紫《し》綬《じゅ》を授《さず》けたという。その卑弥呼は二四七年からしばらくして亡《な》くなったようである。

『魏志』倭人伝は、

　卑弥呼以《もっ》て死す。大いに冢《つか》を作る。径《けい》百余歩、徇葬《じゅんそう》する者、奴婢《ぬひ》百余人。

と記している。この径百余歩の大冢が、邪馬台国ヤマト説の有力比定地であり、大物《おおもの》主《ぬし》神が宿るという三輪《みわ》山〔奈良県桜井市〕西麓に広がる纏向遺跡域内の箸墓古墳であるか否《いな》か、邪馬台国の所在地ともかかわって議論がある。

これは、邪馬台国がヤマト王権につながるかどうか、さらには箸墓古墳の築造をもってヤマト王権の成立と見なせるか、という問題でもある。

古代国家の発祥《はっしょう》にかかわる大問題であるだけに、一言では言い切れないが、ほぼこの三世紀中頃から後半頃にヤマト王権の発祥を認めるのが、おおかたの見かたである。ちなみに、「ヤマト」は本来、三輪山の西麓地域一帯を指す地名であった。

中国では二六五年に西晋《せいしん》が建国されて三国時代は幕を下ろすが、三一六年には異民族が侵入して西晋は滅び、漢民族は江南に東晋《とうしん》を建てるが、東晋は四二〇年に宋と替わる。

倭国の諸地域を統合して成立した古代政権であるヤマト王権の、四世紀代の情況は文字史料も少なく、よくわからない。しかし、数少ない金石文《きんせきぶん》から、ヤマト王権が先進文物の取得を目指して百済や伽耶地域と連携を深め、新羅にもしばしば侵入し、南下策を採る強国・高句麗と衝突することも少なくなかったことがうかがわれる。

中国・東晋の太和《たいわ》四（三六九）年と見られる「泰和四年」に百済王が倭王のために造ったという意味の文字が象嵌《ぞうがん》された、石上《いそのかみ》神宮〔奈良県天理《てんり》市〕所蔵「七支刀《しちしとう》」から、百済がヤマト王権と親密な関係を結ぼうとしていた意図が読み取れる。すなわち、『紀』神功《じんぐう》皇后五十二年九月条の、百済国王の使者・久氐《くてい》らが「七枝刀《ななつさやのたち》・七子鏡《ななつこのかがみ》・種々の重宝《たから》」を献上したという記事は、それを伝えたものである。

四世紀末になると、倭国が朝鮮半島へ奥深く侵入し、高句麗と戦って敗れたことが、中国吉林《きつりん》省集安《しゅうあん》市にある、長寿《ちょうじゅ》王が父王のために四一四年に建立《こんりゅう》した「高句麗好太王《こうたいおう》碑文」から判明する。そこには、百残《くだら》新羅は、旧是《もとそ》れ属民にして、由来朝貢す。而《しかる》に倭、辛卯《しんぼう》年を以て、来《きた》りて海を渡り、百残を破り新羅を□□し、以て臣民《しんみん》と為す。

（※□は判読不能な部分）

とある。百残は、百済を意図的に悪く表現したもので、辛卯年は三九一年に比定される。好太王の即位年でもあり、倭は高句麗王の代替わりという不安定期を狙って侵入したのであろう。

好太王碑文によると、水軍と歩兵が主体と見られる倭（ヤマト王権）軍は、四〇〇年、四〇四年と高句麗軍に連敗している。おそらく、騎馬兵を主力とする高句麗軍に歯が立たなかったものと思われる。この大敗の経験は、ヤマト王権に馬の重要性を認識させ、馬匹《ばひつ》文化を積極的に導入する契機になったものと考えられる。

対高句麗戦での大敗からしばらくして態勢を立て直したヤマト王権は、邪馬台国以来途絶《とだ》えていた中国と再び積極的な交渉を展開する。すなわち「倭の五王」の南朝・宋への遣使《けんし》朝貢であり、『記』・『紀』からも、葛城氏の活躍が散見される時代となる。

『古事記』に見る、葛城氏の誕生

奈良盆地の南西、金剛・葛城・二上《にじょう》山麓に広がる葛城を本拠に、応神天皇以降の天皇に次々と一族の女性を入内《じゅだい》させ、五世紀末まで天皇家の姻族《いんぞく》として、かつヤマト王権の最高執政官・大臣《おおおみ》として権勢を誇ったのが葛城氏である。

しかし、葛城氏が五世紀末頃に衰亡したことから、葛城氏についての直接的な史料はほとんど失われて、断片的で間接的な史料しか伝わっておらず、その歴史像の復原《ふくげん》は容易ではない。

ここでは葛城氏の隆盛と衰退の過程を、これまであまり留意されなかった葛城氏における水運・海運・海外交渉の問題に着目して描くことにするが、まず葛城氏の発祥から見ていこう。

『紀』は、第八代孝元《こうげん》天皇の皇子・彦太忍信命《ひこふつおしのまことのみこと》（『記』は比古布都押之信命）を武内宿禰《たけしうちのすくね》（『記』は建内宿禰）の祖父と記すが、武内宿禰と葛城襲津彦《かつらぎそつひこ》の直接的な関係を示す記述はない。ただ、『紀』允恭《いんぎょう》天皇五年七月条に、葛城襲津彦の孫・玉田《たまた》宿禰が事あって武内宿禰の墓域に逃げ込んだとあり、その系譜関係をどうにか推察できる。

図表1　葛城氏に関連する地域（4～5世紀）

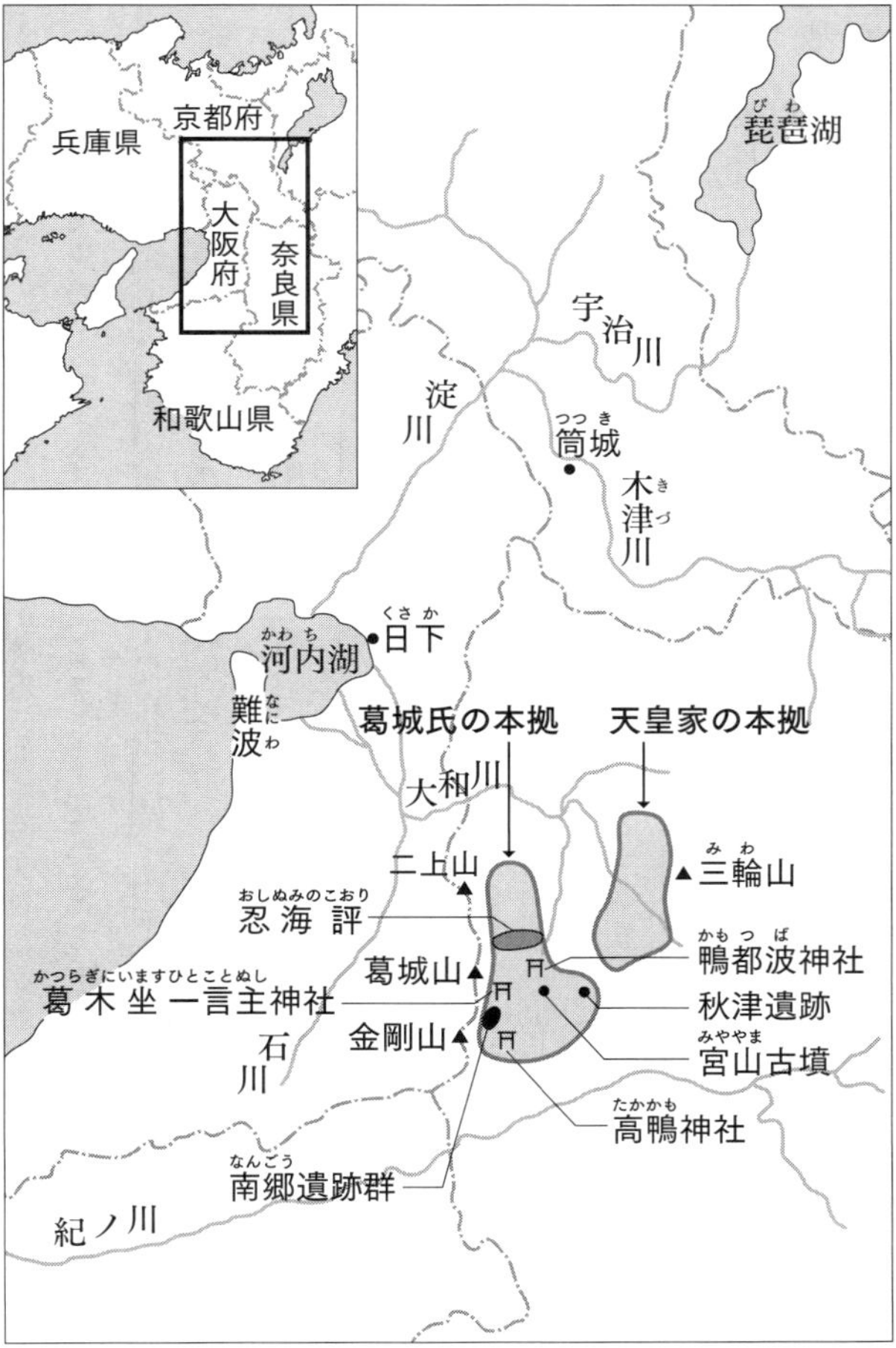

これに反して、『記』孝元天皇段《だん》は、詳細な建内宿禰の後裔《こうえい》系譜記事を載《の》せており、これによって葛城氏の出自を知ることができる。すなわち、孝元天皇の御子《みこ》・比古布《ひこふ》都押之信命《つおしのまことのみこと》は、木国造《きのくにのみやつこ》の祖である宇豆比古《うづひこ》の妹・山下影日売《やましたかげひめ》を妻として建内宿禰を産み、建内宿禰の子は九人であったとある。

次に挙げたのはその九人であり、カッコ内はその後裔氏族《うじぞく》である。

波多八代宿禰《はたのやしろのすくね》（波多臣《はたのおみ》・林臣《はやし》・波美臣《はみ》・星川臣《ほしかわ》・淡海臣《おうみ》・長谷部君《はせべのきみ》）
許勢小柄宿禰《こせのおから》（許勢臣《こせ》・雀部臣《さざきべ》・軽部臣《かるべ》）
蘇賀石河宿禰《そがのいしかわ》（蘇我臣《そが》・川辺臣《かわべ》・田中臣《たなか》・高向臣《たかむこ》・小治田臣《おわりだ》・桜井臣《さくらい》・岸田臣《きしだ》）
平群都久宿禰《へぐりのつく》（平群臣《へぐり》・佐和良臣《さわら》・馬御樴連《うまみくいむらじ》）
木角宿禰《きのつぬ》（木臣《き》・都奴臣《つぬ》・坂本臣《さかもと》）
久米能摩伊刀比売《くめのまいとひめ》
怒能伊呂比売《ののいろひめ》
葛城長江曾都毘古《かつらぎのながえのそつびこ》（玉手臣《たまて》・的臣《いくは》・生江臣《いくえ》・阿芸那臣《あぎな》）
若子宿禰《わくご》（江野財臣《えののたから》）

ここに見える葛城長江曾都毘古が『紀』の葛城襲津彦であるから、これによって建内宿禰（武内宿禰）と葛城長江曾都毘古（葛城襲津彦）が父子関係にあると伝えられていたことがわかる。

ただし、これらの氏族が実際に血縁関係にあったかは疑問とされている。おそらくは、ある時代における政治的な盟約・連携関係を同族系譜に仕立てたもので、実際の血縁関係を表わしたものではないだろう。

葛城長江曾都毘古の後裔氏族の中に葛城氏が見えないことは、葛城氏の滅亡後に記録されたものであることを示唆《しさ》している。なお、蘇我氏は天武《てんむ》天皇十三（六八四）年十一月に新しく「八色《やくさ》の姓《かばね》」の朝臣《あそん》を与えられた際に、氏《うじ》の名を蘇我から石川《いしかわ》に改めており、右の原型はそれ以前に成立していた。

紀《き》氏と葛城氏

いずれにしても、葛城氏が滅んだ後も武内宿禰と葛城襲津彦の関係を示さなければならなかったところに、両者の系譜的結合の根強さが感じられる。紀伊《きい》国（古くは木《き》国、紀《き》国と表記。現在の和歌山県）を本拠とした紀臣《きのおみ》を「木臣」と記すことからも、この系譜伝承の時代性が想像できるが、その紀氏の古伝承をまとめた『紀氏家牒《きしかちょう》』（逸文）には、次のような関連する所伝（原文は漢文）が残されている。

○家牒に曰《いわ》く、紀武内宿祢《きのたけしのうちのすくね》は、人皇《にんのう》第八代孝元天皇の曾孫、屋主忍男武雄心《やぬしおしおたけおこころの》命《みこと》の嫡男《ちゃくなん》で、母を山下影媛《やましたかげひめ》と曰《い》う。紀伊国造《きいのくにのみやつこ》菟道彦《うじひこ》の女《むすめ》である。

○家牒に曰く、武内宿祢、次に紀伊国造宇豆彦《うづひこ》（菟道彦の男《こ》なり）の女宇乃媛《うのひめ》を娶《めと》って角宿祢《つぬのすくね》をもうけた。

○紀氏家牒に云《いわ》く、武内宿祢の子は并《あわせ》て九（男子七、女子二ぞ）。葛城国造荒《かつらぎのくにのみやつこあら》田彦《たひこ》の女の葛比売《くずひめ》を娶って襲津彦宿祢《そつひこすくね》をもうけた。

『記』は、建内宿禰の父を比古布都押之信命とするが、『紀氏家牒』は父の名を屋主忍男武雄心命と記している。これは武内宿禰の祖父を彦太忍信命《ひこふつおしのまことのみこと》とする『紀』の所伝に近いが、『紀氏家牒』には比古布都押之信命の名が見えない。

いっぽう、『紀』は景行《けいこう》天皇三年二月条で武内宿禰の父について次のように伝える。

紀伊国に行幸《ぎょうこう》して、もろもろの神祇《じんぎ》を祭祀《さいし》しようとしてト《うらな》ったところ、結果は良くなかった。そこで屋主忍男武雄心命を派遣したが、彼は阿備《あび》の柏原《かしわはら》（現在の地名は未詳）で神祇祭祀を執《と》り行なった。それで、そこに九年間とどまり住んだ。すなわち、紀直《きのあたい》の遠祖である菟道彦の女の影媛を娶って、武内宿禰を産ませたのである。

ここでも、紀伊国との結びつきが伝えられているが、彦太忍信命と屋主忍男武雄心命の父子関係を想定できるとすれば、『記』とは異なり、図表2のようになる。

図表2
葛城氏の祖と紀《き》氏の略系図

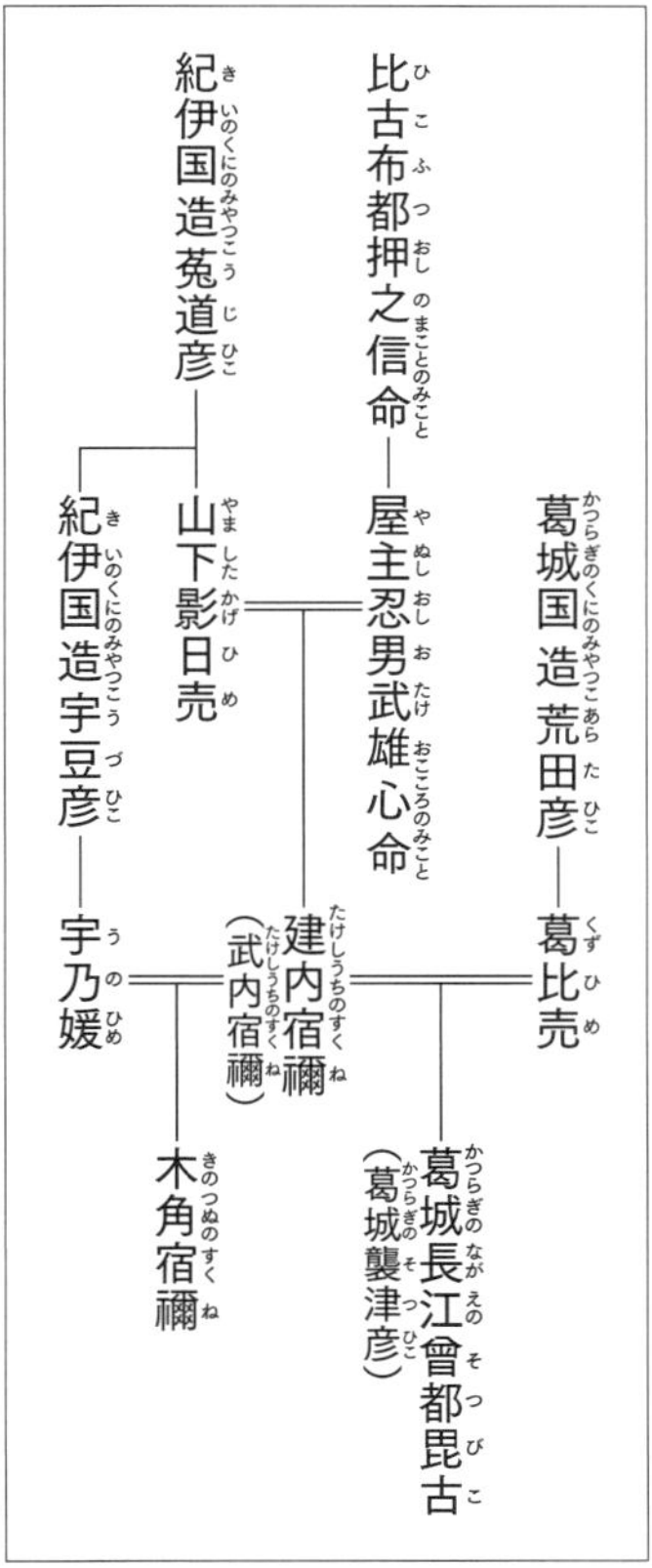

すなわち、建内宿禰の母は紀（木）氏出身の山下影日売であり、建内宿禰は紀氏出身の宇乃媛との間に紀氏一族の祖となる木角宿禰を、葛城の葛比売との間には葛城長江曾都毘古をもうけた。葛城長江曾都毘古は、祖母が紀氏の女性であり、かつ木角宿禰とは異母兄弟になる。

「紀伊国造《きいのくにのみやつこ》菟道彦《うじひこ》」と「木国造《きのくにのみやつこ》祖宇豆比古《のおやうづひこ》」は同一人物でないかと見られることなど、この系譜がどこまで信頼できるか確証はないが、葛城氏の発祥が紀氏と深い結びつきの中にあったことはまちがいない。このことは、葛城氏の盛衰（後述）を考察するうえでも重要である。

葛城氏の祖・葛城襲津彦《かつらぎのそつひこ》

次に、葛城氏の祖とされる葛城襲津彦関連の記事から、葛城氏隆盛《りゅうせい》の歴史を探ってみよう。

『記』では、第十六代仁徳《にんとく》天皇段で大后《おおきさき》・石之比売命《いわのひめのみこと》の、第十七代履中《りちゅう》天皇段で葦田《あしだ》宿禰の父として葛城曾都毘古の名が見えるだけである。したがって、具体的な様

図表3　葛城氏と天皇の略系図 ※数字は歴代天皇

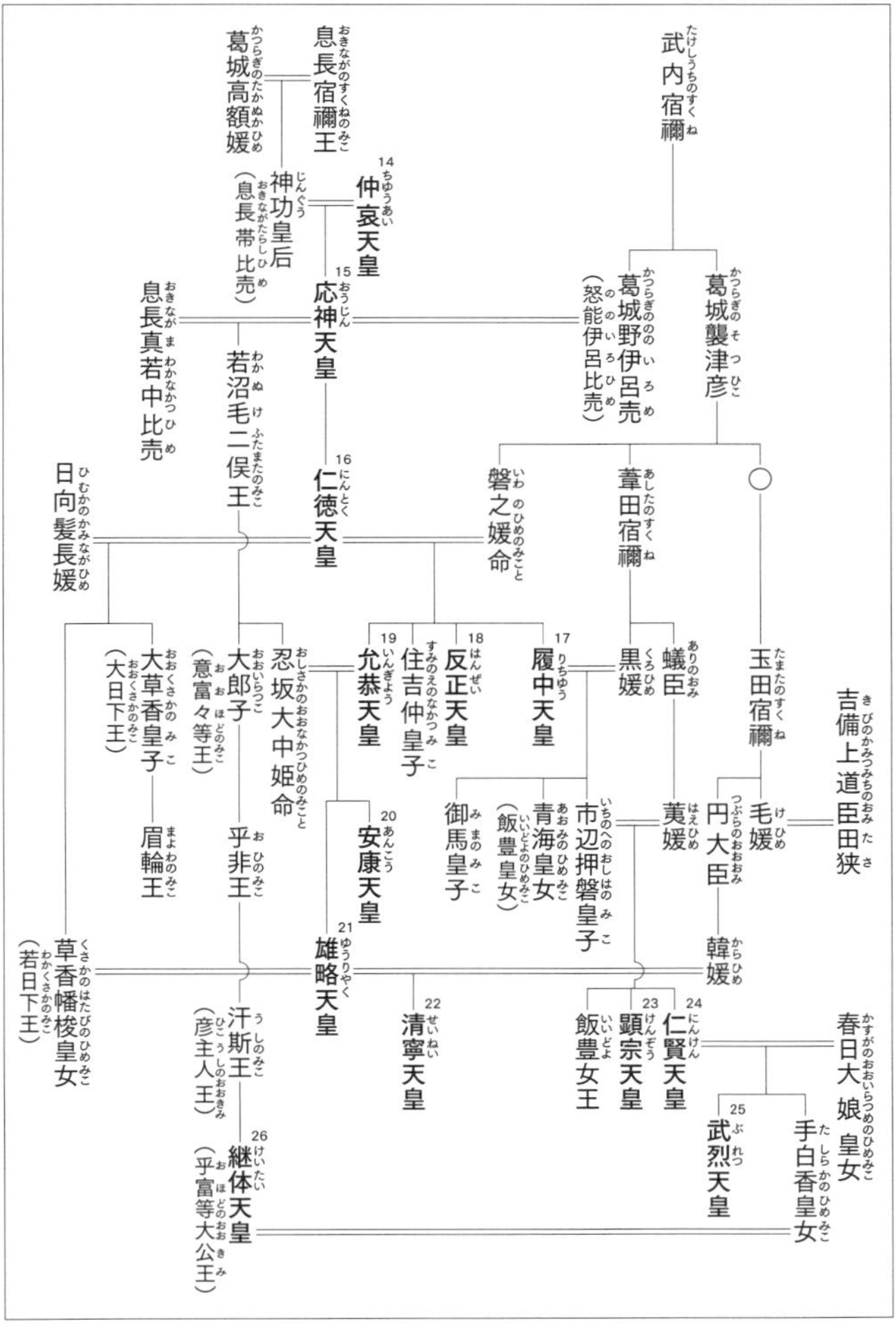

子は関連記事が比較的多い『紀』の所伝の概要を列記し、続いて個別に検討を加えることにする。

なお、仲哀《ちゅうあい》天皇の皇后で応神天皇の母にあたる気長足姫尊《おきながたらしひめのみこと》（神功皇后。『記』は息長帯日売命《おきながたらしひめのみこと》）の人物像については後述する。

①神功皇后五年三月条《じょう》

葛城襲津彦は新羅の人質である微叱許智伐旱《みしこちほつかん》の、本国への送還に付き添って渡海した。対馬《つしま》の鉏海《さひのうみ》の水門《みなと》に停泊した際に、新羅の使者は藁《わら》人形で欺《あざむ》いて人質を新羅に逃亡させた。事《こと》の仔細《しさい》を知った襲津彦は新羅の使者を焼き殺し、新羅の蹈《たた》鞴津《らのつ》〔釜山《プサン》の南〕に停泊し、草羅城《さわらのさし》〔梁山《ヤンサン》〕を陥《おとしい》れて帰国した。この時の俘人《とりこ》らは、今の桑原《くわはら》・佐糜《さび》・高宮《たかみや》・忍海《おしぬみ》の四邑《よつむら》の漢人《あやひと》の始祖である。

②神功皇后六十二年条

新羅が朝貢しなかったので、襲津彦を派遣して攻撃させた。

百済記が伝えるには、壬午《みずのえうま》年に新羅が貴国《かしこきくに》（倭国のこと）に朝貢しなかったので、貴国は沙至比跪《さちひこ》を派遣して討伐させた。新羅人はふたりの美人を使って歓心《かんしん》を買ったので、沙至比跪は命令と反対に加羅国《から》〔高霊《コリョン》〕を攻撃した。それで、加羅国王の己本旱岐《こほかんき》や子の百久至《はくくち》らは、人民を率《ひき》いて百済に逃げた。加羅国王の妹の既殿至《けでんち》は大倭《やまと》に参向して、沙至比跪の行為を報告した。天皇はたいそう怒り、木羅斤資《もくらこんし》と軍勢を派遣して加羅国を回復させた、という。

一説には、沙至比跪は天皇の怒りを知って、公然とは帰還せず、身をひそめていた。彼の妹が皇宮に仕《つか》えていたので、密《ひそ》かに使者を派遣し妹の夢に託《かこつ》けて、様子を窺《うかが》った。天皇の怒りが解《と》けていないことを知った沙至比跪は、石穴《いわつぼ》に入って亡くなったという。

③応神天皇十四年是歳《このとし》条

百済から渡来した弓月君《ゆづきのきみ》から、国の人夫《たみ》一二〇県《こおり》を率いて来たが新羅の妨害で加羅国にとどまっている、と報告があった。そこで葛城襲津彦を派遣し、弓月の人夫を加羅より召《め》したが、彼は三年経《た》っても帰国しなかった。

④応神天皇十六年八月条

平群木菟宿禰《へぐりつくのすくね》と的戸田宿禰《いくはのとだのすくね》に精兵を授《さず》けて加羅に派遣し、葛城襲津彦らの帰国を妨《さまた》げている新羅を攻撃するように命じた。新羅国境まで進軍すると、新羅王は恐れて妨害を止めたので、弓月の人夫《たみ》を率いて襲津彦とともに帰国した。

⑤仁徳天皇四十一年三月条

紀角宿禰《きのつぬ》を百済に派遣して境界をさだめ産物《さんぶつ》を記録させたが、百済王族酒君《さけのきみ》が無礼だったので紀角宿禰は百済王を責《せ》めた。百済王は酒君を鉄鎖《てつさ》で結《ゆ》わえ襲津彦に付《ふ》して進上したが、酒君は石川錦織首許呂斯《いしかわのにしこりのおびところし》の家に逃げ隠れ、天皇がすでに私の罪を許していると語って欺《あざむ》いた。

以上が、葛城襲津彦の活動についての記事の概要であるが、朝鮮半島諸国と関連するものばかりであることに注目される。これは、葛城氏の権威の源《みなもと》とヤマト王権内での職務を示唆しており、葛城氏の権力実態を考察するうえで重要なものである。

今すこし、個別に分析と考察を加えてみよう。

技術者を連れ帰る

先に触れた石上神宮所蔵の「七支刀」にかかわる神功皇后五十二年は西暦三七二

年、②の神功皇后六十二年・壬午《じんご》年は三八二年にあてられるから、①の神功皇后五年は三二五年になる。しかし、神功皇后や葛城襲津彦がそれほどの長寿であったとは考えられないから、神功皇后五年について具体的な西暦年をあてることはできない。内容から見て、四世紀後半頃のことと見るべきであろう。

漢人の祖先が配置されたという四邑のうち、佐糜《さび》は現在の奈良県御所市東佐味《ひがしさび》・西佐味、高宮は御所市伏見《ふしみ》・高天《たかま》・北窪《きたくぼ》・南郷《なんごう》の一帯、桑原は御所市池之内《いけのうち》・玉手《たまで》のあたりに比定できよう。

いずれも葛城氏の本拠である大和《やまと》国葛木上郡《かつらぎのかみのこおり》（葛上郡《かつらぎのかみのこおり》）内に求められる。残る忍海《おしぬみ》は、葛上郡に北接する忍海郡《おしぬみのこおり》〔奈良県葛城市忍海《おしみ》〕にあたる。ここも葛城氏の本拠に含めてよい（図表1・図表4）。

くわしくは第四章で述べるが、特異な建築様式の大型建物遺構が出土した極楽寺《ごくらくじ》ヒビキ遺跡をはじめ、多様な渡来系の遺物や導水《どうすい》遺構などが出土し、実態があきらかになりつつある五世紀代の大規模な御所市の南郷《なんごう》遺跡群は、右の所伝に引きつけて理解すべきであろう。なお、四邑の漢人らは、葛城氏の滅亡後は東漢《やまとのあや》氏の統率下に置かれた。

ちなみに、葛城地域を広域・狭域にとらえるふたつの場合がある。広域葛城は、律令制下の葛木上郡（葛上郡）・忍海郡・葛木下郡《かつらぎのしも》（葛下郡《かつらぎのしも》）であり、これに広瀬郡《ひろせ》〔奈良県北葛城郡広陵町《こうりよう》・河合町《かわい》〕を含める考えもある。葛下郡は、現在の奈良県葛城市北部・香芝市・大和高田市《やまとたかだ》西半部・北葛城郡王寺町《おうじ》・上牧町《かんまき》にあてられる。

ただし、葛城氏の本貫《ほんがん》（中心となる基盤地域）と考えられるのは、狭域葛城である。すなわち、葛上郡と忍海郡、および葛木御県《かつらぎみあがた》神社〔葛城市葛木〕や葛木倭文坐《かつらぎしどりにいます》天羽雷命《あめのはつちのみこと》神社（現在は葛城市加守《かもり》で合祀《ごうし》されるが、本来の鎮座地は葛城市如意《によい》）など、葛木を冠《かん》する神社の鎮座する葛下郡南部地域までである。本書でいう葛城は後者の地域をいい、前者を指す場合は広域葛城と記して区別する。

なお、律令制下の葛上郡には、九三〇年代に源順《みなもとのしたごう》が著《あら》わした『倭名類聚抄《わみようるいじゆうしよう》』によれば、日置《ひおき》・高宮《たかみや》・牟妻《むろ》・桑原《くわはら》・上鳧《かみつかも》・下鳧《しもつかも》・大坂《おおさか》・楢原《ならばら》・神戸《かんべ》・余部《あまるべ》の一〇郷があった。

現在の地名に比定すると、日置郷は御所市朝妻《あさづま》・僧堂《そうどう》のあたり、高宮郷は同市伏

図表4　葛城地域の遺跡分布

（図表／奈良県立橿原考古学研究所附属博物館　※ 一部改変）

見・高天・北窪・南郷に、牟婁郷は宮山《みややま》古墳のある同市室《むろ》に、桑原郷は同市池之内・玉手に、上鳧郷は鴨山口《かもやまぐち》神社のある櫛羅《くじら》に、下鳧郷は鴨都波《かもつば》神社のある同市御所に、大坂郷は水越《みずこし》峠沿いで葛木坐一言主《かつらぎにいますひとことぬし》神社のある同市森脇《もりわき》・関屋《せきや》・増《まし》・名柄《ながら》に、楢原郷は同市楢原に、神戸郷は高鴨《たかかも》神社のある同市鴨神《かもがみ》から西佐味・東佐味のあたりとなる。

忍海郡については、葛城氏滅亡とそれ以降の葛城地域にかかわる重要な問題を含んでおり、第六章でまとめて述べる。

実在が確かめられた葛城襲津彦

②の所伝で重要なことは、『紀』が引用する「百済記」に沙至比跪という名が見えることである。

『紀』は「百済記《くだらき》」「百済新撰《しんせん》」「百済本紀《ほんぎ》」の百済系歴史書を引用しているが、いずれも倭国に渡来、もしくは亡命した百済人が所持していた記録にもとづいて編纂《へんさん》された歴史書と見られる。

現在では『紀』の中にしか見ることができない貴重なものであるが、「百済記」は神功皇后・応神天皇・雄略《ゆうりやく》天皇のところに引用されている。倭国を「貴国」と記すなど留意しなければならない点もあるが、『紀』編纂以前の文字記録として重要である。

その中に見える沙至比跪が葛城襲津彦にあたり、『紀』において実在の確かめられる最古の人物のひとりとして、早くから注目されてきた。さらに、そこに記される壬午年が三八二年にあてられることにより、葛城襲津彦が活動していた、だいたいの年代が知られる。

すなわち、壬午年のことは、三六九年に文字が象嵌された石上神宮所蔵の「七支刀」と、三七二年のことと見られる『紀』神功皇后五十二年九月条から、百済・倭国間に親密な連携関係が成立してまもなくのことであった。葛城襲津彦は、倭国・百済間の連携が成立したことを受けて、渡航したものと解《かい》される。さらに、高句麗好太王碑文に、倭国が百済・新羅を服属させたと刻《きざ》まれる辛卯《かのとう》年、三九一年のすこし前のことであった。

こうした状況から判断して、高句麗好太王碑文に記される、倭が朝鮮半島に深く侵入して四〇〇年、四〇四年と高句麗軍に連敗したという一連の行動に、葛城氏が無関係であったとは考え難《がた》いであろう。というよりも、それらは葛城氏を中心とした動きではなかったかと考えられる。

おそらくは、②は辛卯年の前段をなす出来事であったと思われるが、沙至比跪の行動は天皇の方針とはすこし異なるものであって、「百済記」などでも両者の関係は良好であったようには記されていない。

当時の倭国における対外交渉の方針について、必ずしも倭国王に一元化されておらず、多くはそれを担《にな》った豪族に委《ゆだ》ねられており、関係する有力豪族の利害によって左右されることも少なくなかったと思われる。

なお、一説にいう皇宮に仕える沙至比跪の妹とは、『記』応神天皇段に見える応神天皇のキサキで、伊奢能麻和迦《いざのまわか》王を産んだ葛城野伊呂売《かつらぎののいろめ》にあてることができる。葛城之野伊呂売は、建内宿禰後裔系譜（24ページ）に見える葛城長江曾都毘古の姉妹・怒能伊呂比売《ののいろひめ》のことであろう。

こうした対応関係から、②の所伝と建内宿禰後裔系譜の関連部分は、一定の信憑性を有《ゆう》している可能性が高い。

神功《じんぐう》皇后の実在問題と葛城氏の関連

右のように、葛城襲津彦の活躍は、神功皇后の時からのことと伝えられている。第十四代仲哀天皇の皇后、神功皇后は神秘的な伝説におおわれており、実在を疑問視するむきもある。ここでは神功皇后の実在問題と、神功皇后と葛城氏の関係について、すこし触れておこう。

神功という名は、先に触れたが、応神や仁徳などと同様の漢風諡号《かんぷうしごう》である。『記』は仲哀天皇の大后・息長帯日売命《おきながたらしひめのみこと》、『紀』は皇后・気長足姫尊《おきながたらしひめのみこと》と表記する。夫の仲哀天皇が神の言葉を信じなかったことで急逝《きゅうせい》した後を受けて、彼女は応神天皇を懐妊《かいにん》したまま新羅に出征する。新羅を制圧後、九州で後の応神天皇を出産し、赤子を抱いて大倭《やまと》に帰還するなど、事実とは思われない物語が伝えられていることもあって、実在を否定する見かたも少なくない。

特に、その国風諡号《こくふうしごう》(日本風の死後の贈り名)のオキナガタラシヒメが、天智《てんじ》天皇と天武天皇の父にあたる舒明《じょめい》天皇の息長足日広額《おきながたらしひひろぬか》、その皇后で二度も天皇の位《くらい》に即《つ》く皇極《こうぎょく》・斉明《さいめい》天皇の天豊財重日足姫《あめとよたからいかしひたらしひめ》と類似することから、それらを元に創作された人物と見る考えもある。

しかし、埼玉県行田《ぎょうだ》市にある全長一二〇メートルの前方後円墳・稲荷山《いなりやま》古墳から出土した鉄剣に金象嵌《きんぞうがん》された文字が、それまでの考えを一変させた。そこには、四七一年に比定される「辛亥《しんがい》年」、雄略天皇にあたる「獲加多支鹵《わかたける》大王」の「斯鬼宮《しきのみや》」に「杖刀人《じょうとうじん》」として奉事《ほうじ》した「乎獲居臣《おわけのおみ》」について、「上祖意富比肩《おおひこ》」から乎獲居臣に至る八代の系譜が刻まれていたのである。

もちろん、その系譜が事実であるかを確かめることはできないが、重要なのは五世紀後半の雄略天皇の時に、乎獲居臣が八代にわたる系譜伝承を所有していたという事実である。

臣下《しんか》(氏族)がそうであるのに、天皇(倭国王)が一族の系譜伝承を保有していなかったとは考えられない。神功皇后の夫である仲哀天皇は雄略天皇から七代前、世代ではわずか四代前にすぎないわけで、雄略天皇の時には、その程度の系譜伝承はほぼ確定していたと思われる。

また、『記』の素材となった「帝皇日継《ていおうひつぎ》（帝紀《ていき》）」や「先代旧辞《せんだいきゆうじ》（本辞《ほんじ》）」は天武天皇の時には文字で記された記録として存在していた。

つまり、『記』に記されている天皇一族の系譜は、その頃にはすでに固定化していたのである。要するに、息長足日広額（舒明）天皇が亡くなる六四一年から天武天皇の世（六七二～六八六年）までの間に、オキナガタラシヒメという皇后像を創作し、書き加えることが可能であったか、疑問が大きい。

さらに、中国の『隋書《ずいしよ》』倭国伝《わこくでん》に、推古《すいこ》天皇八（六〇〇）年の第一回の遣隋使《けんずいし》派遣に関する記事の中に、「倭王姓阿毎《あめ》、字多利思比孤《たりしひこ》、号阿輩鶏弥《あめきみ》」とあることも見逃せない。

つまり、舒明天皇の前、推古天皇の時にはアメタラシヒコが倭国王の称号として用いられていた。推古天皇の時には、タラシヒコ・タラシヒメが天皇や天皇家の男女の称として定着していたのであり、舒明天皇の死後に贈られた息長足日広額より以前から使用されていた。

加えるに、天皇やキサキについての系譜伝承を保有していたのは天皇家だけでなく、各天皇の代に仕《つか》え奉《たてまつ》ったことを伝える有力氏族や、天皇にキサキを入内《じゅだい》させた姻族《いんぞく》なども系譜伝承を保有していたに違いない。そうした仕奉《しぶ》や系譜の伝承を保有することが、氏族がヤマト王権に帰属することの証《あかし》でもあった。

要するに、オキナガタラシヒメに関して、神話的色彩をもって語られるひとつひとつの事績や年次について疑わしいものは少なくないが、実在までは否定できないと考える。

ちなみに、神功皇后の父は息長宿禰王《おきながのすくね》、母は葛城高額日売《かつらぎのたかぬかひめ》である。『記』応神天皇段によれば、母の葛城高額日売は新羅から渡来した天之日矛《あめのひぼこ》の末裔《まつえい》とあるが、葛下郡には高額郷《たかぬか》〔奈良県香芝市のあたり〕があるから、そこに縁《ゆか》りのある女性と見られる。

葛城襲津彦の活躍が、葛城の女性を母とする神功皇后の時からというのも、偶然とは考えられない。神功皇后と葛城地域の関係については、第三章でも述べる。

秦《はた》氏の渡来と葛城氏

わが国の古代文化と技術の発展に、渡来系集団の寄与が大きかったことは、周知のとおりである。なかでも大和国高市《たけち》郡檜前《ひのくま》〔奈良県高市《たかいち》郡明日香《あすか》村檜前《ひのくま》〕を拠点とした東漢《やまとのあや》氏と、京都盆地に拠《よ》った秦《はた》氏が、その代表といえる。

③④（31ページ）は、京都盆地を開発して稲荷《いなり》神社〔京都市の稲荷大社〕を創祀《そうし》し、国宝の弥勒菩薩半跏思惟像《みろくぼさつはんかしゆい》で知られる広隆寺《こうりゅうじ》〔京都市右京《うきょう》区太秦《うずまさ》〕を創建した、秦氏の祖先の渡来伝承である。

ただし、ここに「秦」の氏名《うじな》は記されていないが、これは『紀』の編纂者がそのことを知らなかったということではなく、氏の名は渡来後にヤマト王権（天皇）から与えられたものであるという歴史観を反映した結果である。

応神天皇十四年は四〇三年にあてられるが、秦氏の祖・弓月君らが実際にその頃に渡来したかはさだかでない。しかし、平安時代はじめの弘仁《こうにん》六（八一五）年に完成した京《みやこ》と畿内《きない》（大和・河内《かわち》・摂津《せっつ》・和泉《いずみ》・山城《やましろ》）の一一八二氏の系譜書『新撰姓氏録《しんせんしょうじろく》』山城国諸蕃《しょばん》の秦忌寸《はたのいみき》条は、「応神天皇の時に、秦氏の祖弓月王が一二七県《こおり》の人民《たみ》を率《ひき》い、金・銀・玉《ぎょく》など多くの宝物を携《たずさ》えて渡来し、大和の朝津間腋上《あさつまわきかみ》の地を与えられて居住した」と記している。

ここには『紀』とは別の、秦氏自身の所伝が含まれている。それは、彼らが最初に「朝津間腋上」に定着したという部分である。「朝津間腋上」が「朝津間の腋上」なのか、「朝津間と腋上」かさだかではないが、朝津間は現在の御所市朝妻であることに異論はない。ここは葛城氏の本拠地内であり、このことから葛城襲津彦が弓月君の渡来に関与したという③④の所伝についても、一定の事実を反映していると見てよい。

このように葛城氏は、四邑の漢人や秦氏など、先進の文物を保有する渡来人の導入に深くかかわっていたことはまちがいない。これは、その権力の基盤と特色を示唆している。

なお、④に平群木菟宿禰《へぐりのつくのすくね》と的戸田宿禰《いくはのとだのすくね》の名が見えるが、平群木菟宿禰は先の『記』孝元天皇段の建内宿禰後裔系譜に見える、平群臣氏らの祖という平群都久宿禰のことである。また、的戸田宿禰も同じく、葛城長江曾都毘古の後裔氏族として見える的臣氏の祖であり、『紀』仁徳天皇十二年八月条には、高句麗から献上された鉄の的《まと》を盾人《たてひと》宿禰が射通《いとお》したので、的戸田宿禰の氏名を与えられたとある。

これらのことから、葛城氏の権力は、武内宿禰後裔という平群氏や的氏らで構成されていたことも推察される。先の建内宿禰後裔系譜は、葛城氏政権の構成員一覧といった性格も読み取れよう。

百済《くだら》王の無礼と葛城氏

⑤（32ページ）に登場する紀角《きのつぬ》宿禰は、建内宿禰後裔系譜に見える木角宿禰のことで、紀氏らの祖と伝えられる人物である。

百済王族酒君についてはよくわからないが、『新撰姓氏録』に記される刑部《おさかべ》氏・百済公《くだらのきみ》氏・六人部連《むとべのむらじ》氏などの祖「百済国酒王」と同じ人物と見られる。石川錦織《いしかわのにしこりの》首許呂斯《おびところし》は、錦《にしき》の織成《しよくせい》と貢納を職とし、河内国石川流域の錦部《にしごり》郡〔大阪府富田林《とんだばやし》市南西部から河内長野《かわちながの》市〕が本拠の百済系氏族と見られる。百済王族の酒君は、以前から石川錦織首許呂斯と何らかの関係があり、彼の元に逃げ込んだということであろう。

百済王族の酒君が葛城襲津彦に付されてヤマト王権に進上されたというのであるから、葛城氏が百済王族の渡来に関与していたことが知られる。葛城氏が石川錦織首氏と親しい関係にあり、両者が共謀して酒君を逃亡させたと受け取ることもできよう。ここでも、葛城襲津彦が百済に赴《おもむ》いていることを前提にした物語の展開となっているが、いつから百済に行っていたかはわからない。

この所伝における一番の問題は、仁徳天皇四十一年という紀年《きねん》である。『紀』では、神功皇后は六十九（三八九）年四月に一〇〇歳（『記』でも一〇〇歳）で亡くなったとあり、応神天皇の在位は四一年間、右の記事は仁徳天皇四十一年である。

先に触れた神功皇后六十二年に、葛城襲津彦は活躍の可能な年齢であるが、仮に二〇歳だったとしても、それに八九歳を加えなければならない。すなわち、仁徳天皇四十一年に、葛城襲津彦は優《ゆう》に一〇〇歳を超える年齢であったとしなければ、つじつまが合わない。

また『紀』は、応神天皇は一三〇歳で亡くなった（『記』も同じ）とし、その子の仁徳天皇の在位年数を八七年とするが、これらの紀年もにわかには信じがたい。

『記』は一部の天皇の死亡した年を干支《えと》（崩年干支《ほうねんかんし》）で記しており、たとえば応神天皇は甲午《きのえうま》（三九四）年、仁徳天皇は八十三歳丁卯《ひのとう》（四二七）年、その子の履中天皇は六四歳壬申《みずのえさる》（四三二）年、その弟の反正《はんぜい》天皇は六〇歳丁丑《ひのとうし》（四三七）年、仁徳天皇の孫の雄略天皇は一二四歳己巳《つちのとみ》（四八九）年に亡くなったと記す。

これらの年齢や崩年干支は、『紀』の在位年数と整合しないものも多く、信憑性についても確かめようがない。このあたりの『記』・『紀』の紀年については、金石文など傍証史料がなければ、容易に信を置くことができない。

要するに、葛城襲津彦が長寿で仁徳天皇四十一年まで生存していたかは疑問であり、それは紀角宿禰についても同様である。したがって、⑤は内容が類似した、左に引く『紀』応神天皇三年是歳条の異伝ではないかとする考えもある。

> 百済の辰斯《しんし》王が即位して「貴国天皇」に礼を失うことがあったので、紀角宿禰・羽田矢代《はたのやしろ》宿禰・石川《いしかわ》宿禰・木菟《つく》宿禰を派遣して無礼を叱責させた。百済国は辰斯王を殺して謝罪し、紀角宿禰らは阿花《あか》を王に立てて帰国した。

倭国のことを「貴国」と記すことから、これも「百済記」にもとづく記事であろう。一一四五年に高麗国《こうらい》の金富軾《きんふしょく》が編纂した朝鮮三国時代の歴史書である『三国史記《さんごくしき》』には、百済の辰斯王は三八四年に即位、次の阿花王が三九二年に即位したとあるから、右はその年のことであろう。高句麗好太王碑文に「辛卯年」、三九一年に倭が侵入して百済・新羅を臣民としたとあることに関連づけて理解することもできよう。

紀角宿禰以下の羽田矢代宿禰・石川宿禰・木菟宿禰は、すべて建内宿禰後裔系譜に記される名であるが、『紀』応神天皇三年是歳条に葛城襲津彦の名は見えない。

仁徳天皇四十一年三月条は倭国側の原史料、応神天皇三年是歳条は「百済記」と、用いた史料の差によるものであろうか。これが応神天皇三年のことであるなら、葛城襲津彦の行動として問題はないが、現在はそう断定するだけの材料に欠けている。

文献では、好意的に描かれない葛城氏

以上、葛城氏誕生の歴史的状況とその権力基盤・特徴について、葛城氏の祖と伝えられる葛城襲津彦についての関連記事から分析・考察を行なった。その結果は、以下に要約される。

まず、葛城襲津彦に関する所伝の内容は、すべて朝鮮半島での活動に関するものであり、国内での活動記事は皆無であった。

これはヤマト王権内での葛城氏の主な職掌が対外交渉、それも現地に赴いての交渉にあったことを思わせる。ヤマト王権における中央政府の組織化が未熟で、必要な職務がそれぞれの氏族に分掌されていた当時の王権にあって、葛城氏がそうした職掌を担っていたということは、葛城氏自身が独自に国内外の交渉網を保有していたことを示唆している。

葛城氏がヤマト王権内で有力な地位を得ることができた要因は、ここにあると考えられる。しかし、これは葛城氏の地域基盤が海や大河から離れた内陸の山麓、大和国の葛城であることにややそぐわない感じもする。

すなわち、周囲を海に囲まれたわが国にあって、対外交渉を進めるには、河川や海上の交通網掌握が不可欠である。葛城氏における水上交通網の問題は、葛城氏の権力の実態を考察するうえで見逃せない点であるが、この問題は章を改めて述べる。

次に葛城襲津彦関連の所伝で注目されるのは、彼の対外活動が必ずしも好意的には記されていないことである。①では新羅の人質に逃げられ、②では新羅の美女に目がくらんで当初の目的に反して加羅国を攻撃し、あるいは石穴に入って死亡したとされる。③④では秦氏の一団を導《みちび》くことを三年も怠《おこた》り、⑤でも百済王が天皇に進上した人物を逃がしてしまうなど、いわば失態ばかりが記されている。

これは、葛城氏が五世紀末頃には滅亡したため、葛城氏自身による記録が後に伝えられず、他の氏族などが伝えた原史料にもとづいて記事が編《あ》まれているためと考えられる。

葛城襲津彦の国内での活動記事が皆無であるのも、葛城氏が対外交渉を主たる職掌としていたからだけではなく、このことも影響しているだろう。葛城襲津彦が国内で活動しなかったのではなく、記事にする所伝が存在しなかったのであろう。

さらに、葛城襲津彦と天皇の関係がけっして良好であったとは見られないことである。

②では天皇の大きな怒りを買ったために表立《おもてだ》っては帰国できず、石穴に入って死亡したとも伝えられ、③では三年たっても天皇に復命しなかったという。忠実な臣下

という印象はうかがえず、天皇とは別に自らの意思にしたがって行動し、時にはそれがヤマト王権の利益に反することもあったかのような人物として描かれている。

　この時代のヤマト王権の権力構造とも関係するが、天皇の権威は王権を構成する有力氏族でもおよばないものであったろうが、その世俗的な政治権力では必ずしも氏族を超越するものではなかった。

　ヤマト王権の職務が内容に応じて各氏族に分掌されていたこともあり、相対的に氏族の権力が強く、特に葛城氏のそれが他の氏族よりも抜きん出ていたことを思わせる。このことは、葛城氏出身の女性が陸続《りくぞく》と天皇家に入内《じゅだい》していることからもあきらかである。

第二章　天皇家と葛城氏の女性

天皇家の姻族《いんぞく》として

葛城氏の祖とされる葛城襲津彦の分析から、葛城氏の権力の基盤がヤマト王権の対外交渉を担《にな》ったことにあることがあきらかになった。

葛城氏の今ひとつの特色は、天皇家の姻族（外戚《がいせき》）としての存在である。近代以前の天皇は、複数のキサキを有しており、彼女たちは天皇家の一族内から迎えられただけでなく、古代には、氏族出身の女性も多く入内した。

天皇にキサキを入れる氏族には一定の傾向があり、何らかの規制があったようである。具体的にはよくわかっていないが、奈良時代以前に多くの女性を入内させた氏族としては葛城氏、蘇我氏、息長《おきなが》氏、和珥《わに》（和邇・丸邇）氏などが知られている。

葛城氏は、五世紀を通じてもっとも多くの女性を入内させた氏族であり、その時期には葛城氏の女性と関係のない天皇のほうが少ないといってよい。天皇家の姻族であったことが、ヤマト王権内における葛城氏権力の背景のひとつになっていたこともまちがいなかろう。

応神《おうじん》天皇の子を産んだ、葛城野伊呂売《かつらぎののいろめ》

『記』応神天皇段によれば、応神天皇が葛城野伊呂売との間に伊奢能麻和迦《いざのまわか》王をもうけた、とある。『紀』にはこれに相当する記事はなく、『記』のみの所伝である。伊奢能麻和迦王の後裔はあきらかではなく、葛城野伊呂売も葛城氏出身の女性と見られるものの、よくわかっていない。

ただし、『記』孝元天皇段の建内宿禰後裔系譜記事に、葛城長江曾都毘古の姉妹とある怒能伊呂比売《ののいろひめ》と名が酷似していることに注目される。前章で触れた『紀』神功皇后六十二年条「百済記」は、沙至比跪《さちひこ》（葛城襲津彦）には皇宮に仕える妹がいたと記すから、彼女のことと見てよい。

葛城氏は葛城襲津彦の時から、その妹・葛城野伊呂売を応神天皇のキサキに入内させていたわけで、葛城襲津彦の活躍と時を同じくすることは偶然とは思われない。ただし『記』応神天皇段では、野伊呂売と伊奢能麻和迦王は一〇人のキサキ、二七人の御子《みこ》の最後に載せられていて、いまだ後宮《こうきゅう》（キサキの宮殿）内の地位は高くない。

この時点で葛城氏は、大和国の盆地北東部から山城国南部〔京都府南部〕を地域基

盤とする和珥氏や、山城国南部から琵琶《びわ》湖東岸を地域基盤とする息長氏よりも天皇家の姻族としての地位は低く、葛城襲津彦のことがあってようやくその妹を入内させることができたのだろう。

仁徳《にんとく》天皇と嫉妬《しっと》深かった磐之媛《いわのひめ》

仁徳天皇は、葛城襲津彦の娘・磐之媛（石之日売）を皇后とし、後の履中天皇をはじめ、住吉仲《すみのえのなかつ》皇子・反正天皇・允恭天皇らをもうけたと伝えられている。いわば彼女は、五世紀の天皇の母系系譜において、祖に位置づけられる女性である。

磐之媛の嫉妬深さは『記』・『紀』ともに伝えるが、葛城氏の時の権勢に比例している。『記』には、仁徳天皇が吉備海部直《きびのあまべのあたい》の娘・黒日売《くろひめ》を召し上げたけれども、彼女は大后《おおきさき》・石之日売の嫉妬をおそれて本国に逃げ帰ったとある。

『紀』も、仁徳天皇は皇后の嫉妬により、後宮の女官《にょかん》である桑田玖賀媛《くわたのくがひめ》を愛することができなかったと伝えるが、それは仁徳天皇が異母妹の八田皇女《やたのひめみこ》（矢田皇女とも。母は和珥氏の祖・日触使主《ひふれのおみ》の娘の宮主宅媛《みやぬしやかひめ》）を後宮に入れた際に頂点に達した。『記』・

『紀』ともに同様な物語を載《の》せており、すこし長くなるが、『紀』仁徳天皇三十年条を要約して紹介しよう。

仁徳天皇は皇后磐之媛に八田皇女入内の同意を求めたが、拒否された。そこで天皇は、皇后が紀伊国熊野岬《くまののみさき》〔和歌山県新宮《しんぐう》市〕のあたりへ祭儀用の柏葉《かしわば》である御綱葉《みつなかしわ》の採取に出かけた留守の間に、八田皇女を宮中に召し入れた。それを知った皇后はたいそう恨《うら》みに思い、採ってきたばかりの御綱葉を難波堀江《なにわのほりえ》〔大阪市の天満《てんま》川〕の渡し場である難波済《なにわのわたり》に投げ入れた。怒りの収まらない磐之媛は、難波高津宮《なにわのたかつのみや》を出て難波大津《なにわのおおつ》で待っていた天皇の元には停泊せず、淀《よど》川をさかのぼり、山背《やましろ》〔京都府南部〕を廻《まわ》って、倭《やまと》〔奈良県〕に向かおうとした。翌日、彼女は天皇の使者の要請も拒否した。そして山背河〔木津《きづ》川〕を経由し、那羅《なら》山〔奈良山〕から葛城を望み見て、次の歌を詠《よ》んだ。

つぎねふ　山背河を　宮泝《みやのぼ》り　我《わ》が泝《のぼ》れば　青丹《あおに》よし　那羅を過ぎ　小楯《おだて》
倭《やまと》を過ぎ　我が見《み》が欲《ほ》し国は　葛城高宮《かつらぎたかみや》　我家《わぎへ》のあたり

それから山背に戻り、筒城岡《つつきのおか》〔京都府京《きょう》田辺《たなべ》市のあたり〕の南に筒城宮《つつきのみや》をかまえ暮らした。的臣《いくはのおみ》の祖口持臣《くちもちのおみ》（一説には和珥氏の祖・口子臣《くちこのおみ》）の説得も拒《こば》み、ついに天皇の元には戻らなかった。

『紀』はこのあと、仁徳天皇三十五年六月に、磐之媛は筒城宮で亡くなり、同三十七年十一月に那羅山に葬《ほうむ》られたと伝える。

葛城氏配下の通訳集団

ここで注目されるのは、天皇の礼を尽くした要請も拒否し、対等にふるまう皇后・磐之媛像が描かれていることである。

仁徳天皇と磐之媛が、必ずしも親和的な関係でなかったことは、『記』の所伝でも一貫している。その原因は、磐之媛の嫉妬深い性格にあったと伝えるが、個人的な感情のもつれだけだったのか疑問であり、そこに当時の葛城氏の権勢が示されているともいえよう。

ちなみに、磐之媛以降では天皇家の一族以外の皇后は、奈良時代の藤原《ふじわら》氏出身の安宿媛《あすかべひめ》（聖武《しょうむ》天皇の光明《こうみょう》皇后）までいないから、『記』・『紀』が磐之媛を大后・皇后と記しているのは異例のことといわなければならない。

もちろん、五世紀前半に皇后の称号があったわけではなく、後世の位置づけではあるけれども、キサキの中で他とは隔絶した地位にあったと伝えられていたことはまちがいない。そこには、単に彼女の嫉妬深い性格だけではなく、ヤマト王権における葛城氏の政治権力の大きさが強く反映しているととらえるべきであろう。

次に注目されるのは、磐之媛が「我が見が欲し国は　葛城高宮　我家のあたり」と歌っていることである。これは『記』でも石之日売の詠んだ歌謡として載せられているが、大事なことは磐之媛の「我家」が「葛城高宮」にあったということ、すなわち父葛城襲津彦の本拠が葛上郡高宮郷にあったことが知られることである。

『記』・『紀』において大后・皇后の墳墓《ふんぼ》がすべて記載されているわけではなく、『紀』が磐之媛を那羅山に葬ったと記すのも、関連所伝の存在とともに彼女に対する特別扱いといえよう。

式《しき》は律令や追加法令である格《きやく》の施行細則《しこうさいそく》であり、『延喜式《えんぎしき》』は、延長《えんちょう》五（九二七）年に完成し、康保《こうほう》四（九六七）年に施行された古代法典である。

その『延喜式』には、磐之媛を葬った場所が「平城坂上墓《ならのさかのへのはか》　磐之媛命《いわのひめのみこと》」と記載され、奈良市の佐紀盾列《さきたたなみ》古墳群中のヒシァゲ古墳（全長二二〇メートルの前方後円墳）に治定《じじょう》されている。

この古墳群には、第十一代垂仁《すいにん》天皇の皇后が葬られているとされる日葉酢媛命《ひばすひめのみこと》陵《りょう》（同二〇六メートルの前方後円墳）や神功皇后陵（同二七五メートルの前方後円墳）などの存在も伝えられ、四世紀から五世紀前半の皇后陵が集まるという特徴がある。このことから、この段階における葛城氏は、四世紀以来の伝統を継承する側面のあったことも知られる。

さらに、磐之媛の移動経路と歌謡からは、紀伊国→難波大津→淀川・木津川→山背筒城→那羅山→倭（狭義のヤマトで三輪山麓地域）→葛城高宮という交通路や、ここに登場する的臣氏や和珥氏との関係にも留意されるが、これらは後述する。

ただし、これに関する『記』独自の所伝、石之日売（磐之媛）が蚕《かいこ》を飼う筒木《つつき》の奴理能美《ぬりのみ》の家を筒木宮としたことについてのみ、すこし触れておこう。

奴理能美の家があったという山背の筒城は、近江《おうみ》国坂田《さかた》郡（滋賀県米原《まいばら》市から長浜《ながはま》市南部〕を本貫とする息長氏の山背における拠地であり、後には、継体天皇が樟葉宮《くずはのみや》〔大阪府枚方《ひらかた》市楠葉《くずは》〕に即位し、その五年に遷《うつ》したという筒城宮も営《いとな》まれた、木津川沿いの水陸交通の要衝である。

石之日売が筒木宮としたのは、奴理能美の旧宅であったが、奴理能美は三色《みくさ》に変化する不思議な虫・蚕《かいこ》を飼育していたとあることから、高級織物である絹を織る集団であったことがわかる。このことは『紀』では、木津川を蚕の餌《えさ》になる桑枝が流れてきたとあることで暗示されており、葛城氏は絹の機織《はたおり》集団と親密な関係にあったことを物語る。

『新撰姓氏録』は、この奴理能美（努理使主）の後裔氏族として、調連《つきのむらじ》・民首《たみのおびと》・水《み》海連《うみのむらじ》・調曰佐《つきのおさ》の諸氏を記している。調《つき》とは税（なかでも絹織物）、曰佐《おさ》は通訳のことであり、彼らはヤマト王権でその職務に従事していたのである。水海連という氏名からは、淀川・木津川水系の水運集団が想定される。

ちなみに、『新撰姓氏録』によれば、大和国添上《そえかみ》郡の曰佐氏は、紀朝臣《きのあそん》と同祖で武内宿禰の後とする。同じく山城国相楽《そうらく》郡の曰佐氏も、紀朝臣と同祖、武内宿禰の後で欽明《きんめい》天皇の時に渡来し、近江国野洲《やす》郡・山城国・大和国の曰佐氏は同族であると主張している。

大和国の曰佐氏は、現在の天理市櫟本《いちのもと》町を拠地としており、その氏寺《うじでら》と目される七世紀後半の長寺《おさでら》廃寺が存在する。ただし、曰佐氏が紀朝臣と同祖というのは事実ではなく、山城国の曰佐氏では自ら渡来を語っているように、彼らは紀氏の配下にあった渡来系の通訳集団であろう。

要するに、磐之媛と百済系渡来人である奴理能美の濃密な関係は、葛城氏と紀氏や百済系渡来集団との結びつきを示すものでもある。また、葛城氏や紀氏が渡来系の通訳集団を配下に置いていたということは、彼らが通訳の必要な職務、対外交渉に従事していたことを物語っている。

ふたりの黒媛《くろひめ》

仁徳天皇と磐之媛の間に生まれた履中天皇は、磐余稚桜宮《いわれのわかさくらのみや》で即位し、葦田《あした》宿禰の娘・黒媛を皇妃《みめ》として、市辺押磐《いちのへのおしは》皇子・御馬《みま》皇子・青海《あおみ》皇女（飯豊《いいどよ》皇女）らをもうけたと伝えられる。

『紀』では、葦田宿禰の氏《うじ》の名や系譜関係はわからないが、『記』では葛城曾都毘古（葛城襲津彦）の子で、娘の黒比売命（黒媛）が三人の御子をもうけたと明記するから、葛城氏の首長であったことが判明する。

葦田（芦田）という地名が、葛城北部地域である葛下郡に分布することから、葦田宿禰を葛城北部系葛城氏ととらえる考えもある。

ところで、『紀』履中天皇即位前紀には、履中天皇の即位にかかわり、次の物語が記されている。

履中は羽田矢代《はたのやしろ》宿禰の娘黒媛をキサキに迎えるため、同母弟の住吉仲《すみのえのなかつ》皇子を派遣したが、彼は兄になりすまして黒媛を犯《おか》した。事が露見《ろけん》した住吉仲皇子は履中を殺害しようとして宮殿を取り囲んだが、平群木菟《へぐりのつく》宿禰・物部大前《もののべのおおまえ》宿禰・漢《あやの》直《あたい》の祖の阿知使主《あちのおみ》が危機一髪で救出し、難波から大和の石上神宮に難を逃れた。

弟の反正は、住吉仲皇子に側近《そば》く仕える隼人《はやと》の刺領巾《さしひれ》という人物を騙《だま》し、廁《かわや》（便所）に入った住吉仲皇子を殺害させた。

これらは、履中天皇即位の際の内輪《うちわ》もめであるが、問題は履中天皇のキサキにふたりの黒媛（葦田宿禰の娘・羽田矢代宿禰の娘）が存在することである。すなわち、ふたりの黒媛は同名異人か、それとも元は同一人物で、記事に混乱や意図的な虚偽があるのかということである。

しかし、『記』と『紀』履中天皇元年七月条は、黒媛（黒比売）を葦田宿禰の娘と明記している。『記』の墨江中王《すみのえのなかつ》（住吉仲皇子）事件には、黒比売は登場せず、『紀』履中天皇即位前紀でも、黒媛のその後については記さない。

したがって、羽田矢代宿禰が葛城氏と同じ建内宿禰後裔氏族であることもあり、右の事件に登場する黒媛は、所伝の混乱でないかと思われるが、同名異人である可能性も否定できない。

ふたりの黒媛の問題はいずれとも断じ難いものの、仮に同一人物で、本来は葛城氏の出身であったとすれば、住吉仲皇子の事件は、磐之媛が産んだ皇子らが天皇位継承にかかわって、葛城氏の女性を争奪したことに端《たん》を発した出来事だったと考えることもできる。もしそうならば、当時の天皇には、葛城氏出身のキサキを持つことが重要だったことを示すが、そのことと天皇と葛城氏との親和は別の問題である。

ちなみに、『紀』履中天皇二年十月条には、平群木菟宿禰・蘇賀満智《そがのまち》宿禰・物部伊莒弗大連《もののべのいこふのおおむらじ》・円 大使主《つぶらのおおおみ》が国事を執《と》ったとあるが、円大使主のみ氏の名がなく、姓《かばね》も大使主とあり、異質である。

『紀』雄略天皇元年三月是月条には、葛城 円 大臣《かつらぎのつぶらのおおおみ》とあるから、円大使主が葛城円大臣であると判明する。先に記した「百済記」の沙至比跪であきらかなように、氏の名を記さないのが古い表記であるから、『紀』履中天皇二年十月条の四名の中で前の三名と円大使主では、記事の元になった史料が違っていたと思われる。

これらから、葛城円大臣がヤマト王権の大臣《おおおみ》の地位に就《つ》いたことが知られる。葛城氏は、ヤマト王権の内政でも重きを占めていたのであるが、大臣や参議《さんぎ》になった人名を書き継いだ『公卿補任《くぎょうぶにん》』には、円大臣は葛城襲津彦の孫で、玉田宿禰の子とある。

しかし、『紀』允恭天皇五年七月条には、玉田宿禰は葛城襲津彦の孫とあり、系譜伝承が一致しない。

また、父の玉田宿禰より先に、子の円大臣が記録に現われるのもいささか不審であり、『紀』履中天皇二年十月条や『公卿補任』の円大臣についての伝承には混乱があると思われる。なお、玉田宿禰と円大臣については葛城氏の滅亡にかかわって後章で詳述する。

葛城氏不遇の時代

葛城磐之媛を母とする履中天皇・反正天皇・允恭天皇の三代が続いた後は、允恭天皇と息長氏系の忍坂大中姫命《おしさかのおおなかつひめのみこと》の間に生まれた安康《あんこう》天皇・雄略天皇の兄弟が即位する。反正天皇・允恭天皇と安康天皇は、葛城氏の女性をキサキに持たず、允恭天皇以降は葛城氏不遇の情況が続く。

それだけでなく、『紀』雄略天皇即位前紀には、

履中天皇と葛城黒媛の間に生まれた市辺押磐皇子が安康天皇の後継と目《もく》されていることを恨《うら》んだ雄略は、言葉たくみに近江の来田《くた》綿《わたの》蚊屋野《かやの》〔滋賀県近江八幡《おうみはちまん》市・東近江《ひがしおうみ》市・蒲生《がもう》郡日野《ひの》町〕での狩猟に誘い出して殺害した。三輪君身狭《みわのきみむさ》と親密だった弟の御馬《みま》皇子も、ほどなくして雄略に殺害されるが、殺されるに臨《のぞ》んで皇子

は「王者はこの水を飲むことができない」と三輪《みわ》にある磐井《いわい》の水を呪詛《じゆそ》した。

とあり、天皇位継承をめぐるヤマト王権内の争いが激しくなったことが読み取れる。

これにかかわり、『紀』顕宗《けんぞう》天皇即位前紀は、この時に殺害された市辺押磐皇子が、葦田宿禰の子である蟻臣《ありのおみ》の娘・荑媛《はえひめ》との間に仁賢《にんけん》天皇・顕宗天皇・飯豊皇女らをもうけたと記している。履中天皇の有力な後継者と目されていた市辺押磐皇子も、葛城氏の女性をキサキとしていたことが知られる。

天皇だけでなく、次期天皇と目される有力王族らも葛城氏の女性をキサキとしていたことは、当時の王族のありようを考えるうえで留意されよう。

ただし、飯豊皇女は、『記』・『紀』の履中天皇のところでは黒媛の子とするから、彼女の系譜上の位置にも混乱がある。また、荑媛の産んだ仁賢天皇・顕宗天皇は、難を逃れて播磨《はりま》国赤石《あかし》郡縮見屯倉《しじみのみやけ》〔兵庫県三木《みき》市志染《しじみ》町〕に身をひそめ、飯豊皇女も一時的にヤマト王権の政務を執ることなどは、忍海評《おしぬみのこおり》とかかわり、後述する。

なお、「蟻《あり》」というやや異質な名を持つ父の葛城蟻臣は、室町時代には存在が確認される「有井《ありい》」〔奈良県大和高田市〕の地名などから、父とされる葦田宿禰と同じく葛城北部を地域基盤とした北部葛城氏の首長と見る考えもある。

雄略《ゆうりやく》天皇へ差し出された韓媛《からひめ》

即位前に雄略が、大草香皇子《おおくさか》（大日下王）の子である眉輪王《まよわのみこ》（目弱王）の変にかかわり、葛城円大臣（都夫良意富美《つぶらおほみ》）を殺害することは後述するが、その際に円大臣が罪を償《つぐな》い、許しを乞《こ》うて、娘の韓媛（韓比売）を差し出した。

雄略天皇は、韓姫を「元妃《はじめのみめ》」として、清寧《せいねい》天皇と稚足姫皇女《わかたらしひめ》をもうけたと伝えられる。贖罪《しょくざい》として差し出されたというのは、雄略天皇側の都合のよい解釈で、実際は葛城円大臣の殺害に際して略奪した女性であった可能性も考えられる。

いずれにせよ、五世紀代の天皇には、葛城氏の女性・葛城氏の血脈が重要な意味を持っていたことが知られる。

稚足姫皇女は伊勢大神《いせのおおみかみ》の祠《やしろ》に仕えた、すなわち後の伊勢《いせ》神宮の斎宮《さいぐう》に任じられたとあり、葛城氏と皇祖神・天照大神《あまてらすおおみかみ》の祭祀の関係についても、考慮しなければならない。

なお、雄略天皇の皇后になる草香幡梭皇女《くさかのはたびのひめみこ》（若日下王）も、兄の大草香皇子が安康天皇に殺害されて後に、召し上げられた女性である。

天皇家の断絶の危機

『紀』には、雄略天皇は、吉備稚姫《きびのわかひめ》（稚媛）をキサキにして、磐城《いわき》皇子と星川稚宮《ほしかわのわかみや》皇子をもうけたとある。その事情を『紀』雄略天皇七年是歳条は、次のように伝える。

吉備上道臣田狭《きびのかみつみちのおみたさ》が妻の稚媛のことを誉《ほ》めて友人に、「天下に私の妻ほどの美人はいない」と話しているのを聞いた雄略天皇は、彼女を手に入れたいと思った。そこで、田狭臣を朝鮮半島南部の任那《みまな》の役人として派遣し、その間隙《かんげき》に稚媛を召し上げた。

稚媛は、もと吉備上道臣田狭の妻だったが、雄略天皇が略奪してキサキにしたという。

これにかかわり、『紀』清寧天皇即位前紀には、雄略天皇の死後に、吉備稚媛と星川皇子が天皇位をめぐって事を起こしたが、反対に大伴室屋大連《おおとものむろやのおおむらじ》らに焼殺《しょうさつ》されたとある。おそらく、吉備地域の豪族を巻き込んだ天皇位継承をめぐる争いがあったものと考えられる。

ところで、右の記事が引用する「別本《ことふみ》」には、「田狭臣の妻の名は毛媛《けひめ》といい、葛城襲津彦の子、玉田宿禰の娘である。天皇は彼女がたいそうな美人だと知り、夫を殺して自ら召し上げたと伝える」と記す。

この「別本」によれば、吉備上道臣田狭の妻は、葛城玉田宿禰の娘・毛媛だったことになる。雄略天皇が吉備氏から略奪してキサキとした女性に関して、『紀』本文と「別本」のふたつの所伝が存在し、その名も稚媛・毛媛と異なるが、二者択一的な解釈は控えるべきであろう。

古代には、ひとりの人物が複数の名を持つことはめずらしくはなかった。成長や婚姻により新しく別の名をつけたり、養育を担った集団の名を通称名に用いることや、美称・尊称で呼ばれることもあった。古代の支配者層の間には、日常に実名（諱《いみな》）を使用することはなく、「稚媛（若々しい御姫様）」は結婚後の美称であり、「毛媛」は結婚前の葛城での名と解することもできる。

すなわち、吉備上道臣田狭と葛城毛媛の結びつきは、瀬戸内の海運を掌握する吉備氏と、ヤマト王権の対外交渉を主導する葛城氏との、連携を示すものとしても注目される。また、雄略天皇による田狭臣の妻・葛城毛媛の奪取は、葛城氏と吉備氏の連携断絶のもくろみを暗示している。

このように五世紀後半のヤマト王権では、対外交渉や天皇位継承をめぐって抗争が激しくなり、権力内部の紐帯《ちゆうたい》がゆるんでいったと思われる。

雄略天皇が亡くなると、葛城韓媛を母とする清寧天皇が即位するが、彼の治績《ちせき》らしきものはほとんど伝えられず、御子もなかったという。『記』はキサキもいなかったと記すが、子どもが誕生しないということはあり得ることだが、キサキまでいなかったというのはいささか不審であり、ヤマト王権内部の大きな混乱も想定される。

このようにして、五世紀の天皇家は一時断絶の危機に陥るが、葛城黒媛もしくは葛城荑媛を母とする飯豊皇女が、忍海角刺宮《おしぬみのつのさしのみや》で一時ヤマト王権の政務を執り、さらに葛城荑媛と市辺押磐皇子の間に生まれ、播磨国に逃れていた顕宗天皇・仁賢天皇の弟兄が迎えられて、かろうじて天皇位が継承されたと伝えられる。

続いて、仁賢天皇と、雄略天皇を父に童女君《おみなぎみ》（和珥臣深目《わにのおみふかめ》の娘）を母とする春日大娘《かすがのおおいらつめ》皇女の間に産まれた武烈天皇が位を継承する。しかし、彼には系譜不詳のキサキ・春日娘子《いらつめ》はいたものの（『紀』）、子もなく（『記』）、ついに天皇の系統は断絶したという。

『記』・『紀』の五世紀末の記載の信憑性は、見定めがたい部分が少なくないものの、伝えられるように天皇位の継承者が絶無だったとは考えられず、ヤマト王権と天皇家内部が相当に大きな混乱状況にあったものと考えられる。

天皇家と葛城氏の関係が破綻《はたん》

このように、第十五代応神天皇から第二十五代武烈天皇までの十一代のうち、安康天皇と武烈天皇を除く九代までが、葛城氏の女性を母、もしくはキサキとしていたのである。

葛城氏の女性と関係を持たなかった安康天皇は殺害され、同じく武烈天皇は天皇の系統を次代につなげることができなかった。四世紀末から五世紀代の天皇は、葛城氏の女性なくして、その地位を保つことが困難な情況にあったわけで、ヤマト王権内での葛城氏の影響力の大きさが推《お》し量《はか》られる。

ただし、天皇家に入内した葛城氏の女性が天皇と親和的関係であったかは、これと別の事柄である。

仁徳天皇と皇后・葛城磐之媛は仲睦《むつ》まじい関係だったとは言い難く、両者の関係が破綻して以降、彼女は天皇に会うことさえ拒絶したという。葛城黒媛は、住吉仲皇子と履中天皇の間で、天皇位継承争いもからみ、争奪の対象となった。

葛城荑媛は、夫の市辺押磐皇子が雄略天皇に殺害され、後に即位するふたりの皇子も、播磨国縮見屯倉に難を逃れなければならなかった。葛城韓媛は、父の葛城円大臣が雄略天皇に殺害され、奪取された女性である。葛城毛媛も、夫が雄略天皇に殺害、もしくは朝鮮半島へ派遣された間に略奪されたという。

これらは、ヤマト王権内の権力闘争の激しさの反映ともいえようが、天皇や有力王族のキサキとなった彼女たちの日常が、平穏であったとは思われない。『記』・『紀』

が伝える葛城氏の女性には、歴史の激流に身を置いた者が多かった。

五世紀最後の天皇・武烈は、母もキサキも葛城氏の出身ではない。葛城氏の滅亡と前後して、仁徳天皇以降の天皇の系統が彼で途絶えるのも、葛城氏との関係において象徴的である。

葛城氏は、天皇家の姻族として重い地位を占めていたとはいえ、葛城氏自身も天皇と親和的であった様子は読み取れない。両者はある種の緊張関係にあり、ヤマト王権が両者の権力均衡《きんこう》の上に成り立っていたのである。

その権力均衡が破綻したことで、五世紀のヤマト王権の権力機構が瓦解《がかい》し、天皇家の一族としては非常に遠い血縁である、応神天皇の五世孫という第二十六代継体天皇を迎えることで、ヤマト王権は、権力機構の再建を図《はか》らなければならなかったのである。

なお、葛城氏は大臣としてヤマト王権の政治権力も掌握したが、葛城氏より古くから天皇家の姻族である、和珥氏や息長氏が政治権力をふるうことがなかったのとは対照的である。

葛城氏が滅亡してしばらく後に、蘇我氏が天皇家の姻族かつ大臣として王権内の地位を獲得することは周知のところである。和珥氏や息長氏が王権に反旗を翻《ひるがえ》し、あるいは反対派に攻撃されることがなかったのに反して、葛城氏と蘇我氏にはそれがあったことでも共通する。

このように、律令制以前の天皇家の有力姻族には、ふたつの類型が存在したが、その理由はいまだにわかっていない。

第三章　葛城氏の権力基盤

どのようにして権力を掌握《しょうあく》したか

『記』景行天皇段に、「倭《やまと》は　国のまほろば　たたなづく　青垣《あおがき》　山隠《こも》れる　倭《やまと》しうるはし」とあるように、大和は海のない山に囲まれた国である。

しかし、水田稲作農耕に基盤を置く社会であったとはいえ、大和に本拠を定めるヤマト王権をはじめ、それを支えた諸勢力が奈良盆地内だけで、その権威を確立し、権力が完結していたとは考えられない。

周囲を海に囲まれたこの島国にあって、海と大河、すなわち列島の各地域はもちろん、海外との水運による密な関係を抜きにして、それはあり得なかった。特に、葛城氏が発祥し、隆盛を誇る四世紀後半から五世紀後半が、朝鮮半島諸国との和・戦両様を交《まじ》えた関係や、「倭の五王」が中国南朝に積極外交を展開した時代であったことを思えば、なおさらである。

葛城氏は、朝鮮半島にまで赴いてヤマト王権の対外交渉を主導していた。また、大臣として王権の内政をも掌《つかさど》ったが、天皇家に多くの女性を入内させ、外戚としても権勢をふるった。このように、葛城氏がヤマト王権内で台頭し、その権力を掌握できたことの歴史的背景を見てみると、東アジア世界の情勢と対外交渉がもっとも大きな要因であったと考えられる。

要するに、葛城氏が台頭する直接的な契機と権力基盤は対外交渉、ヤマト王権の外交を掌握したことにあったと考えられる。しかるに、大和の葛城という土地は、海はもちろん、大河からも離れた内陸地域であり、海に囲まれたヤマト王権の外交を主導するためには、水運・海運網を構築し、掌握することが不可欠である。

このことは留意されることが少なかった点であるが、本章ではそうした問題意識から、葛城氏の水運・海運網の掌握について、葛城氏と親密な関係を結んだと見られる氏族関係から分析を進めよう。

淀《よど》川・木津《きづ》川の水運

仁徳天皇の皇后になった葛城襲津彦の娘・磐之媛が「紀伊国の熊野岬へ御綱葉の採取に出かけている間に、天皇が八田皇女を宮中に召したのを知って御綱葉を難波済に投げ棄て、天皇の元には戻らずに淀川から山背河をさかのぼった」と伝えられることは、第二章でくわしく述べた。

また、磐之媛が山城の筒城宮で亡くなり、那羅山に葬られたこと、『記』が「蚕を飼う筒木の奴理能美の家を筒木宮《つつきのみや》とした」と伝えることなども紹介した。

これらが重要なのは、当時の交通路が復原できることである。この物語の展開は、紀伊国—難波間の大阪湾沿岸航路はいうまでもないが、そこから淀川・木津川をさかのぼり、山城《やましろ》国綴喜《つづき》郡（筒城地域）もしくは山城国相楽郡に上陸し、陸路をとって那羅山から三輪山麓の倭を経由して、葛城高宮に至る交通網の存在が前提となっている。

当時のキサキは、天皇との同居を前提とせず、その生活基盤は出身氏族が提供していたことを思えば、磐之媛が筒城にキサキの宮を営んだことや、那羅山に葬られたことなどは、これらの地域にも葛城氏の拠点があったことを物語る。おそらく、古くから葛城と難波・紀伊を結ぶ要路としてあり、葛城氏の重要な権力基盤でもあったと思われる。

筒城は、息長氏を後背勢力とする継体天皇の筒城宮が営まれたように、近江国坂田郡を本貫とする息長氏の拠点のひとつである。さらに、那羅山―倭の地域は、古くから和珥氏の拠地でもあった。磐之媛の物語に、和珥臣の祖・口子臣《くちこのおみ》が登場するのもこれと無縁ではなく、葛城氏は同じ天皇家の外戚として息長氏や和珥氏と連携関係にあったものと推察できる。

磐之媛が絹を織る百済系渡来人の「奴理能美の家を筒木宮」としたというのは、葛城氏が筒城地域の百済系渡来人集団とも親密な関係にあったことを物語る。さらに、「的臣《いくはのおみ》の祖口持臣《くちもちのおみ》」が見えるのは、的臣氏が葛城襲津彦の後裔氏族であるから、疑問はない。

葛城氏は、これらの氏族と連携・協力関係のうえに、この交通網を掌握していたものと考えられる。些細《ささい》なことであるが、その傍証を示そう。

『新撰姓氏録』河内国皇別条には、「武内宿禰の男、葛木曾都比古命《かつらぎのそつひこのみこと》の後」とする塩屋連《しおやのむらじ》氏が見える。塩屋連氏は、現在の和歌山県御坊《ごぼう》市の日高《ひだか》川河口付近に北塩屋《きたしおや》・南塩屋という地名が遺存することから、このあたりを本拠に製塩や漁業、海運などに従事した豪族だったと見られる。

『紀』斉明天皇四（六五八）年十一月条の、紀伊国藤白坂《ふじしろのさか》〔和歌山県海南市《かいなん》藤白《ふじしろ》〕や牟婁温湯《むろのゆ》〔和歌山県西牟婁郡《にしむろ》白浜町《しらはま》の南紀白浜温泉《なんきしらはま》〕を舞台とする有間皇子《ありま》の変に、皇子の配下として塩屋連鯯魚《しおやのむらじこのしろ》が重要な役割をはたすのも、塩屋連氏の海洋民的性格や拠点とした地域を示すものである。

ところで、『新撰姓氏録』山城国皇別条には、「与等連《よどのむらじ》は塩屋連の同祖で、彦太忍信命《ひこふつおしのまことのみこと》の後」とある。葛城氏の遠祖・彦太忍信命のことは先に触れたが、与等は山城国乙訓郡《おとくに》〔京都市伏見区淀《よど》〕の地であり、木津川・琵琶湖から流出する宇治川《うじ》・鴨川《かも》を合わせた桂川《かつら》が合流し、古代には巨椋池《おぐら》という巨大な池沼《ちしょう》もあり、淀川水運の要港だった。

そこに、葛城氏が滅亡して二〇〇年後にも、葛城襲津彦の後裔を称する与等連氏の居たことは軽視できない。淀川水運の要衝に、葛城襲津彦後裔を称する氏族の存在は、かつて葛城氏がその水運を掌握していたことの残映といえよう。

大和《やまと》川の水運

おおざっぱにいえば、大和国の南半部は紀伊山地の山岳部、北半部は奈良盆地であり、両者を隔《へだ》てるのが東西に流れる吉野《よしの》川（紀《き》ノ川上流）である。盆地南部の水は、葛下《かつげ》川・高田《たかだ》川・葛城《かつらぎ》川・曽我《そが》川・寺《てら》川・飛鳥《あすか》川・初瀬《はつせ》川となって北流し、盆地北部の竜田《たつた》川・富雄《とみお》川・佐保《さほ》川は南流し、現在の奈良県北葛城郡河合町・生駒《いこま》郡斑鳩《いかるが》町あたりで合流して、大和《やまと》川となる。大和川は、金剛山地と生駒山地の間、亀《かめ》ノ瀬《せ》峡谷《きょうこく》を経て流出し、現在の大阪府柏原《かしわら》市で、金剛山地西麓の水を集めた石川と合流し、北流していた。

この大和川は、河内ではいくつかに分流し、上町《うえまち》台地と生駒山地の間に広がっていた海水が混じる汽水《きすい》性の河内湖に注いでいたが、ここには淀川も流入していた。したがって、古代には、大和川・淀川は容易に舟運で結ばれたと見られるが、さらに大阪湾岸や瀬戸内沿岸の海運と結ぶことも可能であった。

古代河内湖の面影《おもかげ》を残す、生駒山地西側の深野《ふこの》池や新開《しんかい》池の開拓が進むのは、宝永《ほうえい》元（一七〇四）年の大和川を西に流す付け替え工事の完成以降である。

右の大和川支流のうち、葛下川・高田川は、葛城北部地域（葛下郡）を、葛城川は葛城南部地域（葛上郡）まで至っていたから、葛城氏はこれらの河川を利用して河内地域と結ぶことが可能であった。ただし、亀ノ瀬峡谷は流れが速く、岩礁《がんしょう》も多かったから、舟を通すのは困難で、その間は陸路を利用したのではないかと思われる。

さらに、金剛山（一一二八メートル）と葛城山（九六〇メートル）の谷間の水越峠（五一七メートル）を西に越えて河内国に入ると、大和川支流の石川上流地域に至るから、この経路を用いても大和川水運の利用が可能である。

葛城氏が大和川水運を利用していたことを示す直接的史料はないが、『新撰姓氏録』には、河内国や摂津国に葛城襲津彦の後裔を称する氏族が、少なからず分布していることが間接的な証明になる。以下、それを列記しよう。

【河内国皇別《こうべつ》】

的臣《いくはのおみ》………武内宿禰の男《こ》、葛木曾都比古命《かつらぎのそつひこのみこと》の後

塩屋連《しおやのむらじ》………「上（的臣）に同じ」と記す

小家連《おやけのむらじ》……塩屋連と同祖。武内宿禰の男、葛木襲津彦命の後

原井連《はらいのむらじ》……「上（小家連）に同じ」と記す
布忍首《ぬのしのおびと》……的臣と同じき祖

【和泉国皇別】
的臣……坂本朝臣《さかもとのあそん》と同じき祖。建内宿禰の男、葛城襲津彦の後
布師臣《ぬのしのおみ》……「上（的臣）に同じ」と記す

【摂津国皇別】
阿支那臣《あきなのおみ》……玉手朝臣《たまで》と同祖。武内宿禰の男、葛城曾豆比古命《かつらぎのそつひこのみこと》の後
布敷首《ぬのしのおびと》……玉手と同祖。葛木襲津彦命の後

【摂津国未定雑姓《みていざつせい》】
下神《しもつみわ》……葛木襲津彦命の男、腰裾《こしも》宿禰の後

未定雑姓というのは、申請された系譜の確認が政府において未定ということである。この他、『新撰姓氏録』右京皇別上条の、「同じき宿禰（武内宿禰）の男、葛木曾頭日古命《かつらぎのそつひこのみこと》の後」とする玉手朝臣は、大和国葛上郡玉手〔奈良県御所市玉手〕だけでなく、大和川支流の石川流域、河内国安宿郡《あすかべ》玉手〔大阪府柏原市玉手《たまて》〕にも本拠があっ

た。古代氏族は複数の拠地を有しており、この場合もそうした事例であるが、ここには四世紀代の玉手山《たまてやま》古墳群も存在する。

的臣氏については、和泉国皇別条にも「坂本朝臣と同じき祖。建内宿禰の男、葛城襲津彦の後」という的臣氏が見え、河内国と和泉国の的臣氏は同族と見られるが、拠地はあきらかでない。

なお、坂本朝臣氏は同じ建内宿禰後裔氏族であるが、木角《きのつぬ》宿禰の後で紀氏の同族である。玉手氏や的臣氏は、建内宿禰後裔系譜で葛城長江曾都毘古の後裔として見えるから問題はなく、摂津国の阿支那臣氏も阿芸那臣氏のことである。

これらの氏は、大和国皇別条の「玉手朝臣と同じき祖。彦太忍信命の孫、武内宿禰の後」とする阿祇奈君《あぎなのきみ》氏と同族と見られるが、いずれも本拠地などはつまびらかではない。

塩屋連氏について、先に和歌山県御坊市の日高川河口付近に本拠を有した海洋民系の集団ではなかったかと述べたが、同祖を称する小家連氏・原井連氏とともに、河内国における拠地は未詳である。

布忍首と布敷首が同族であることは確かであろうが、和泉国皇別条の「坂本朝臣と同じき祖。建内宿禰の男、葛城襲津彦の後」とする的臣氏と同祖を称する布師臣氏が見える。首《おびと》、臣《おみ》と姓《かばね》が異なるから擬制《ぎせい》的な関係だが、王権内の職掌に関してつながりがあり、同族を称していたものと思われる。

氏名の布忍（布師）は、河内国丹比《たじひ》郡の地名〔大阪府松原《まつばら》市の布忍《ぬのせ》神社のあたり〕であり、河内国の布忍首氏は、このあたりに本拠があったと見られる。ちなみに、五世紀末頃の大阪府柏原市の高井田山《たかいだやま》古墳からは、古代のアイロン「火熨斗《ひのし》」が出土している。

『新撰姓氏録』の系譜伝承がどれほどの信憑性を有するか、特に的臣氏や玉手氏以外の中小氏族において確認する術《すべ》はない。そもそも、『新撰姓氏録』編纂の目的が系譜の改竄《かいざん》・偽称《ぎしょう》の横行を防止することにあったわけで、五世紀末に滅亡した氏の末裔を称することは、必ずしも誇るべき系譜ではなかったと思われる。

それにもかかわらず、葛城襲津彦の後裔を称しているところに、その歴史的意味を認めるべきである。ただし、的臣氏以外は姓が連《むらじ》や首であるから、血縁関係のない擬制的な系譜関係であり、実際は葛城氏政権の下に編成された集団でなかったかと思われる。

河内国・和泉国・摂津国にこうした集団の分布することは、かつて、この地域に葛城氏の勢力がおよんでいたことを物語っている。

難波《なにわ》の大規模な倉庫群

古代には、淀川・大和川は、上町台地と生駒山地の間に広がる河内湖に注いでいた。水はけの悪い河内湖沿岸は、大雨のたびに洪水に見舞われていたが、『紀』仁徳天皇十一年十月条には、

宮《みや》の北の郊原《の》を掘りて、南の水を引きて西の海に入る。因《よ》りて其《そ》の水を号《なづ》けて堀《ほり》江《え》と曰《い》ふ。

とあり、難波高津宮《なにわたかつのみや》の北に、新たな堀江を掘削《くつさく》する大規模な治水《ちすい》工事を行なったと伝える。

すなわち、上町台地の北麓を断ち切る人工水路を造り、河内湖の余分な水を大阪湾

に流し、水害を防ごうというのだが、この難波堀江が現在の天満《てんま》川（大川《おおかわ》）である。難波堀江の掘削により、河内湖の水を制御できるだけでなく、淀川・大和川の水運利用や、難波津の使用が安定化したと見られる。

仁徳天皇の皇后・磐之媛は、この難波堀江を通り、淀川・木津川水運を利用したのであり、葛城氏が大和川・淀川水運を掌握していたことは、こうした視点から理解する必要がある。

難波堀江が開削された上町台地の先端は、難波津《なにわつ》（津《つ》は港を意味する）の存在とともにその重要性が増大したことはいうまでもない。時代は後の事であるが、孝徳《こうとく》天皇が大化改新を進める難波長柄豊碕宮《なにわのながらとよさきのみや》（前期難波宮《なにわのみや》）を造営したのをはじめとして、聖武天皇の難波宮（後期難波宮）、十六世紀前半創建の石山本願寺《いしやまほんがんじ》やその跡に築造された豊臣秀吉《とよとみひでよし》・徳川家康《とくがわいえやす》の大坂城など、この地域の重要性を示す事例は枚挙に遑《いとま》がない。

孝徳朝の難波長柄豊碕宮や聖武朝の難波宮の中心部は、現在の大阪市中央区法円坂《ほうえんざか》にあるが、昭和六十二（一九八七）年から同六十三年に、この難波長柄豊碕宮の下層から、五世紀代の巨大な高床《たかゆか》倉庫群跡《あと》が出土した。

それは、東西二列に整然と直線的に配置された一六棟の高床倉庫（写真2）の跡であり、西群の一〇棟と東群の六棟に分けられるが、床面積は八八〜九六平方メートルとかつてない大規模なものである。

時期は五世紀中頃から後半とされるが、天満川まで約八〇〇メートルの位置にあり、難波堀江の開削《かいさく》や難波津との関連はもちろん、軒《のき》を接して二列に整然と配置されていること、高床倉庫の規模や一六棟という大規模性などに、高度で強固な政治的意図を垣間《かいま》見ることができる。

大和川・淀川・難波堀江・難波津・住吉津《すみのえ》はもちろん、西日本から朝鮮半島・大陸に至る交渉の重要性を如実《によじつ》に示すものである。ヤマト王権との関係は述べるまでもないが、対外交渉を主導した葛城氏との関係についても考慮しなければならない。

紀氏との特別な関係

葛城氏は、海人《あま》（海洋民）を配下に対外関係に活躍する紀伊国本貫の有力氏族で、

写真2　復原された高床倉庫

難波長柄豊碕宮《なにわながらとよさきのみや》の下層から出土した。大阪府大阪市

同じく武内宿禰の後裔を称する紀氏と特別な関係にあった。

紀氏が海部《あまべ》を配下に有したことは、紀伊国に海部郡（和歌山市から海南市）があり、海部の伴造《とものみやつこ》である海部直《あまべのあたい》氏や大海連《おおしあまのむらじ》氏の居住が見られることからも確かである。

紀氏には、早い時期に本拠を大和国平群《へぐり》郡紀里《きのさと》（奈良県生駒郡平群《へぐり》町）に移して中央氏族化した紀臣《きのおみ》氏と、紀伊国で国造《くにのみやつこ》を世襲した紀直《きのあたい》氏がいるが、もともと両氏は同じ集団であった。

葛城氏の誕生の際に述べたように、

葛城氏と紀氏との親密な関係は、その系譜からうかがわれる。『記』建内宿禰後裔系譜や『紀氏家牒』から復原すれば、孝元天皇の皇子・比古布都押之信命《ひこふつおしのまことのみこと》の子の屋《や》主忍男武雄心命《ぬしおしおたけおこころのみこと》が、紀氏出身の山下影日売《やましたかげひめ》との間に建内宿禰をもうけ、建内宿禰は紀氏出身の宇乃媛《うのひめ》の間には紀氏の祖である木角宿禰《きのつぬ》をもうけるが、葛城葛比売《かつらぎのくずひめ》の間には葛城長江曾都毘古《かつらぎのながえのそつびこ》（葛城襲津彦）をもうけたことになる。

すなわち、その史実性は確かめにくいが、武内宿禰は母・妻がともに紀氏出身の女性と伝えられ、二代にわたり紀氏と姻戚関係を結んでいる。系譜上は、葛城襲津彦と木角宿禰は異母兄弟と位置づけられていたわけで、こうした系譜伝承のうえからも両氏の特別に親密な関係が知られる。

このことは、『紀』神功皇后摂政前紀に、応神天皇の異母兄弟の麛坂王《かごさか》・忍熊王《おしくま》の反乱に際し、武内宿禰が皇子（後の応神天皇）を抱いて南海に出て、紀伊水門《みなと》〔紀ノ川河口付近〕を経て日高〔和歌山県日高《ひだか》市〕に難《なん》を逃れ、そこに紀直氏の祖・豊耳《とよみみ》が登場するという、武内宿禰の活躍が紀伊国を舞台に語られ、そこに紀氏が登場することなどの所伝にも表われている。

さらに、葛城氏と紀氏の親密な関係は、葛城氏の本貫である葛上郡に紀氏の有力な同族が分布することからもうかがわれる。

具体的には、『新撰姓氏録』右京神別下条に「滋野《しげの》宿禰。紀直と同じき祖。神魂《かみむすびの》命《みこと》の五世孫、天道根命《あめのみちねのみこと》の後なり」とあるが、天道根命は『新撰姓氏録』河内国神別条に「紀直。神魂命の五世孫、天道根命の後なり」とあるように、紀直氏の祖であり、滋野宿禰氏が紀氏の同族であることが知られる。

滋野宿禰氏は、同じく大和国神別条に、「伊蘇志臣《いそしのおみ》。滋野宿禰と同じき祖。天道根命の後なり」とあることから、紀氏と同族という伊蘇志臣氏と同祖であることもわかる。

『続日本後紀』によると、承和《しょうわ》二（八三五）年三月に伊蘇志臣《いそしのおみ》広成《ひろなり》・人麻呂《ひとまろ》が紀伊国の紀直《きのあたい》継成《つぐなり》らとともに紀宿禰《きのすくね》を賜姓《しせい》されたとあり、『日本文徳天皇実録《にほんもんとくてんのうじつろく》』では仁寿《にんじゅ》二（八五二）年十二月にも、紀直氏同族の名草宿禰《なぐさのすくね》安成《やすなり》が滋野朝臣《しげのあそん》を賜姓されたとある。

これらのことから、伊蘇志臣氏・滋野宿禰氏らが、紀伊国の紀氏と同族集団を形成していたことはまちがいない。

この伊蘇志臣氏・滋野宿禰氏については、『日本三代実録《にほんさんだいじつろく》』貞観《じょうがん》元（八五九）年十二月の滋野貞雄《さだお》死亡記事に、延暦《えんりゃく》十七（七九八）年に伊蘇志臣を改めて滋野宿禰を賜《たまわ》ったとあることから、元は同じ氏であることがわかる。

さらに伊蘇志臣氏については、『続日本紀《しょくにほんぎ》』の天平勝宝二（七五〇）年三月条に、

駿河国守《するがのくにのかみ》であった楢原造東人《ならばらのみやつこあずまびと》が天平勝宝二年三月に、駿河国廬原《いおはら》郡多胡浦《たごのうらの》浜《はま》（静岡県富士《ふじ》市）で黄金《こがね》を獲《え》て献上したので勤《いそし》（伊蘇志《いそし》）臣を与えられた。

とある。すなわち、伊蘇志臣氏の旧姓は楢原造氏であり、楢原造→伊蘇志臣→滋野宿禰と変化したことがわかる。

元の氏姓である楢原造は、葛上郡楢原郷（御所市楢原《ならはら》）の地名にもとづくものである。八世紀中頃には「紀楢原《きのならばら》」の複姓を称する人物も存在し、紀氏と楢原造氏の関係を如実に示すが、滋野宿禰氏は弘仁十四（八二三）年に朝臣《あそん》の姓を与えられ、平安時代にも中級の貴族として存続する。葛城の楢原造氏、都に出て官僚となった伊蘇志臣氏・滋野宿禰氏は、紀氏の同族として後々まで強固な結びつきを保っていた。

要するに、葛城氏が本拠とした地域内に紀氏の有力同族が居住していたわけで、このことは葛城氏と紀氏の特別な関係を明示している。

加えて、楢原造氏が金やその精錬に関する知識を有する氏族であったことは、この氏族とその本貫である葛上郡楢原郷とかかわって理解するべきである。これは後述する忍海氏についても同様であるが、金の精錬は葛城地域に特徴的な知識・技術だった。

葛城に本拠を置いた紀氏同族は、この楢原造氏だけでない。『新撰姓氏録』大和国神別条に載る大坂直《おおさかのあたい》氏も、「天道根命の後」を主張する紀氏の同族である。

大坂直氏は、楢原郷に南接する葛上郡大坂郷が本貫で、大坂郷は河内国と葛城を結ぶ交通の要衝である水越峠に沿った、現在の奈良県御所市森脇・関屋《せきや》・増《まし》・名柄《ながら》のあたりに比定される。紀氏系大坂直氏の配置は、葛城氏政権下での水越峠の利用とかかわって理解するべきであろう。

葛城氏が使用した交通網

葛城から河内国へは、水越峠を西に越えて石川沿いに行くのが最短距離だが、葛城から南の紀伊国に行くには、風《かぜ》の森《もり》峠を利用する。標高が二五九メートルの風の森峠は、水越峠より低く、越えるのは容易である。

風の森峠を南に越えれば宇智《うち》郡〔奈良県五條《ごじょう》市〕に入るが、そこには紀伊山地北部の水を集めた吉野川が西流する。吉野川は紀伊国に入ると紀ノ川となり、この川沿いの道が「紀路《きじ》に入り立ち真土山《まつちやま》」と万葉歌（『万葉集《まんようしゅう》』五四三）に詠《うた》われた紀路である。もちろん、宇智郡あたりからは舟運の利用も十分に可能である。

『万葉集』巻第十一には、「葛城の襲津彦真弓荒木《まゆみあらき》にも憑《たの》めや君がわが名告《の》りけむ」（二六三九）という歌がある。その大意は「葛城襲津彦の使う新木《あらき》の真弓のように、私を頼りにしているので、私の名を他人に告げたのでしょう」。この歌の荒木には、「有名な葛城襲津彦の使う強い新木の真弓」と頼りになる（願いを聞き届けてくれる）「大荒木の浮田《うきた》の杜《もり》」（同二八三九）、宇智郡の延喜式内社《えんぎしきないしゃ》（後述）である荒木《あらき》神社〔五條市今井町《いまいまち》〕がかけられている。

葛城から風の森峠を越えて宇智郡に入ると、飛鳥地域寺院の七世紀後半の瓦《かわら》を焼成した瓦窯《かわらがま》が分布する荒坂《あらさか》から、荒木神社の前を経て紀路に至る。葛城氏がこの交通路を頻繁《ひんぱん》に利用していたことが広く知られていたから、葛城氏が滅んだ後でもこうした歌謡が詠まれたのであろう。

この古道が早くに拓《ひら》かれていたことは、風の森峠のすぐ西側、御所市鴨神《かもがみ》から、長さ一三〇メートルにおよぶ五世紀代の道路遺構が出土したことでもあきらかである。

写真3　鴨神《かもがみ》遺跡の道路遺構

古代の舗装《ほそう》ともいえる、バラスを路面に敷いていた

（写真／奈良県立橿原考古学研究所）

そのうち四〇メートルは高さ一・五メートル、幅七メートルの切り通しバラス敷きという大規模工事を施《ほどこ》したものであった（写真3）。現在は、すぐ東側を国道二四号線が通っているように、早

くから葛城・紀伊間の要路として利用されていたことが知られる。

葛城氏は紀氏と結び、葛城→風の森峠→紀ノ川→大阪湾→瀬戸内水運という交通網を掌握したことで、西日本や海外との積極的な交渉が可能となり、それが有力な権力基盤になった。

この紀ノ川水運がヤマト王権にとって重要なものだったことは、昭和五十七（一九八二）年に紀ノ川の河口近く、北岸の舌状《ぜつじょう》台地先端部に位置する和歌山市の鳴滝《なるたき》遺跡から、規格性を持った大規模な高床倉庫群跡が出土したことからもうかがわれる。

高床倉庫は西側に五棟、東側に二棟の七棟が、軒を接するように整然と配置され（図表5）、床の広さは五八・一〜八〇・八平方メートルあり、五世紀前半に建築され、五世紀中頃まで使用されたと見られている。

もちろん、五世紀代の紀氏や紀伊水門との関係が想定されるが、規模の大きさや整然とした規格性、立地の重要性などから見てヤマト王権の中の紀氏、さらにはヤマト王権の対外交渉そのものと有機的に結びついた倉庫群と位置づけられる。そこには当然、紀氏と特別な関係にあって対外交渉を主導した葛城氏との関係や、西日本諸地域

図表5　鳴滝《なるたき》遺跡の大型倉庫群

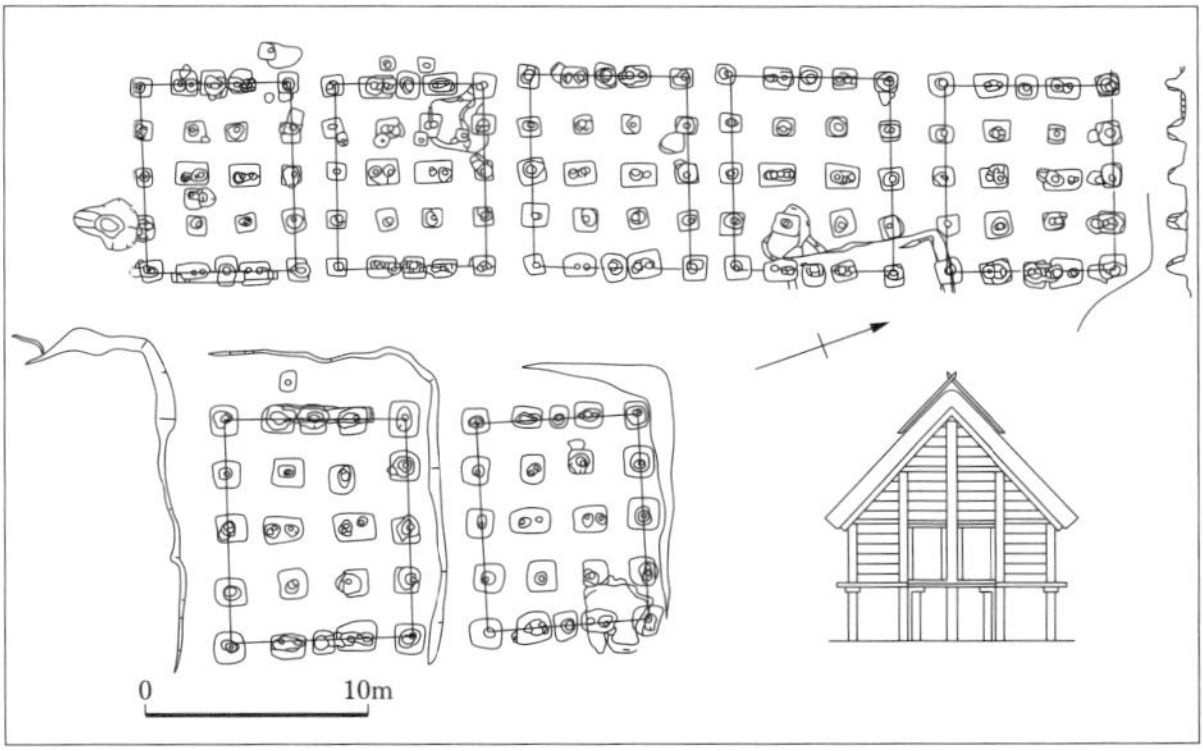

（直木孝次郎・小笠原好彦編著『クラと古代王権』より）

や海外との交流も想定されよう。

この倉庫群は、難波長柄豊碕宮跡の巨大高床倉庫群とほぼ時期が重なるだけでなく、整然とした規格性や水運・港との結びつきなど共通した性格を有しており、五世紀の対外交渉を考察するうえで見逃すことができない。

加えて、ともに葛城氏の関与も想定されることは、葛城氏の性格や権力基盤を考察するうえでも重要である。

琵琶《びわ》湖に手を伸ばす

古代に都《みやこ》を中心とする水運網を構築するには、北陸・日本海地域や東国と結ばれる琵琶湖水運を掌握しなければ、十全とはいえない。
『倭名類聚抄』によれば、山城国に紀伊郡紀伊郷があった。紀伊郡は、現在の京都市伏見区のあたりだが、ここを本拠にした郡司《ぐんじ》・郷長《ごうちょう》級の氏族に末使主《すえのおみ》・木曰佐《きのおさ》・木《きの》勝《すぐり》氏らがいた。

木勝は紀勝とも表記するが、彼らはいずれも「百済国人、津留牙《つるが》（津留木《つるぎ》）使主」の後と伝える。津留牙使主は『新撰姓氏録』大和国諸蕃条に「朝妻造《あさつまのみやつこ》。都留使主《つるのおみ》自《よ》り出《い》づ」とある都留使主と同一人物と見られる。つまり、山城国紀伊郡の木曰佐・木勝は、葛城の朝妻造氏と同族を称していた。

朝妻造氏は、『紀』仁徳天皇二十二年正月条に「朝嬬《あさつま》の避介《ひか》の小坂《おさか》を片《かた》泣きに道行く者も偶《たぐ》ひてぞ良き」と見えるように、葛上郡日置《ひおき》郷朝妻（御所市朝妻のあたり）」を本貫とした氏族である。

朝妻造氏は、朝妻手人《てひと》（『続日本紀』養老《ようろう》三年十一月条）や朝妻金作《かなつくり》（『続日本紀』養老四年十二月条）ら渡来系金属工人集団を統率する伴造《とものみやつこ》であり、天平《てんぴょう》十九（七四七）年という奥書《おくがき》は疑わしいが、『元興寺伽藍縁起幷流記資財帳《がんごうじがらんえんぎならびにるきしざいちょう》』の塔露盤銘《とうろばんめい》条に見える「作金人《かなつくりびと》（金属技術者）阿沙都麻首《あさつまのおびと》」も同族であろう。御所市朝妻にある七世紀後半の朝妻廃寺は、彼らの氏寺と思われる。

要するに、山城国紀伊郡の末使主・木曰佐・木勝氏らの本来の拠地は、大和国の葛城朝妻のあたりにあり、かつ葛城の紀氏系の氏族と親密な関係にあったので、木曰佐・木勝氏らは氏の名に「木」を冠《かん》するようになったのではないか。

平安時代の安和《あんな》二（九六九）年七月の古文書にも、山城国紀伊郡深草郷《ふかくさ》（京都市伏見区深草）に二名の「紀」を称する村落首長層の人物が見える。彼らが紀氏なのか、木曰佐氏もしくは木勝氏なのかあきらかではないが、この地域と「紀氏」のつながりの根深さを思わせる。

山城国の紀伊という地名も、彼らの移住によると見られる。さらには紀氏の対外活動や葛城を本拠とした鴨《かも》氏や秦《はた》氏の山城への移住にもかかわる。

問題が複雑化するのでここでは割愛するが、一点だけ触れておくと、秦氏の渡来には葛城襲津彦がかかわり、その最初の来住地が『新撰姓氏録』山城国諸蕃の秦忌寸《はたのいみき》条では、葛城の朝津間腋上《あさつまわきかみ》であったことは留意されてよい。秦氏が山城国紀伊郡に鎮座する稲荷神社を創祀したことは周知のところであるが、この秦氏も葛城朝妻から山城国紀伊郡に拠を遷しているのである。

要するに、朝妻造氏をはじめ末使主・木曰佐・木勝氏らは、葛城の紀氏系の氏族だけでなく、秦氏とも縁《ゆか》りのある集団であった可能性が高い。

なお、この末使主・木曰佐・木勝氏らが移住した山城国紀伊郡は、淀川の上流である鴨川と宇治川にはさまれた地域である。いずれの河川を利用することも可能であるが、宇治川をさかのぼれば、琵琶湖に至ることができる。

さて、葛城朝妻の地名を負う天皇に、仁徳天皇の子である允恭天皇がいる。母は葛城磐之媛であり、国風諡号《こくふうしごう》を雄朝津間稚子宿禰《おあさつまわくごのすくね》天皇（『記』は男浅津間若子宿禰命）といい、これが本来伝えられていた名である。

彼の皇后は忍坂大中姫命《おしさかのおおなかつひめのみこと》であるが、彼女の兄の意富富杼《おおほど》（意富々等）王は近江国坂田郡を本貫とする息長君《おきながのきみ》氏や坂田君《さかたのきみ》氏らの祖であり、琵琶湖の東岸地域と関係が深い女性である。

『紀』允恭天皇七年十二月条には、皇后の妹衣通郎姫《そとおしのいらつめ》が母に随《したが》って近江の坂田にいたとあり、姉の忍坂大中姫命も坂田で養育されたと見てよい。このように葛城の朝妻を名に負う允恭天皇は、近江国坂田郡地域と縁が深い。

ところが、『倭名類聚抄』によれば、近江国坂田郡にも朝妻郷が見える。現在の滋賀県米原市の琵琶湖岸あたりだが、特に天野《あまの》川河口南岸に位置する朝妻湊《みなと》は、東山・北陸両道にも連絡する湖東の要港として古くから知られている。この近江国坂田郡の「朝妻」は、大和葛城の朝妻、ないしは允恭天皇と皇后の忍坂大中姫命、もしくは朝妻造・朝妻金作・朝妻手人らと何らかの結びつきがあって成立した地名と考えられる。

おそらくは、葛城の朝妻に縁りの允恭天皇と近江国坂田で養育された忍坂大中姫命の婚姻（『紀』は即位前とする）により、葛城朝妻にいた渡来系集団の一部が近江国坂田に移住し、坂田にも朝妻の地名が成立したものと推考される。

これにかかわって興味をひかれるのが、『続日本紀』の養老三（七一九）年十一月条に、「朝妻《あさつまの》手《て》人《ひと》竜《たつ》麻《ま》呂《ろ》に海語連《あまがたりのむらじ》の姓を与え雑戸《ざつこ》の号《ごう》を除く」と見えることである。朝妻手人竜麻呂がどこに住んでいたのかあきらかではないが、彼に与えられた海語連氏は語部《かたりべ》の伴造で、なかでも海人《あま》系の古詞《こし》や神話を伝承していたので、このような氏姓を与えられたと見られる。

朝妻手人への海語連の賜姓は、彼ら自身が海洋民的文化を保持していたことを示している。葛城朝妻での海洋民的文化は考えられないことから、海語連を賜姓された朝妻手人竜麻呂は、すでに近江国坂田郡の朝妻郷に本拠を遷していたとも考えられる。

これらのことを合わせて考えれば、葛城→忍坂《おしさか》〔奈良県桜井市忍阪《おつさか》〕→木津川→近江国坂田〔滋賀県の琵琶湖東岸〕の交通路を想定することができる。これは一部、先に見た磐之媛の望郷径路とも重なり、また葛城氏が近江国坂田郡の息長君氏と親密な関係を結ぶ背景も理解される。葛城朝妻と琵琶湖東岸の朝妻を結ぶ径路も、葛城氏が関与していたのである。

そのことは、次項で述べる葛城氏と息長氏の関係からも知られるが、葛城襲津彦が連れ帰った四邑《よつむら》の漢人《あやひと》の中の桑原《くわはら》漢人〔後に桑原村主《すぐり》・桑原史《ふひと》を称する〕は、『続日本紀』によれば、天平宝字二（七五八）年六月に大和国葛上郡の桑原史年足《くわはらのふひととしたり》ら男女九六人と近江国神埼《かんざき》郡の桑原史人勝《ひとかつ》ら男女一一五五人は同祖であるという理由で、大《おお》友史《とものふひと》らも含めて新しく桑原直《あたい》を与えられている。

桑原漢人の後裔の大部分が近江国内に移住していること、奈良時代中頃でも大和国・近江国の桑原史氏が同祖・同族を称し、ともに改姓を申請する関係を保っていたことが知られる。

時期は定かでないものの、葛城氏配下の桑原漢人がほぼ一族を挙げて近江国へ移住していることも、葛城氏と近江国の結びつきを考えるうえで参考になろう。なお、葛城の地域に桑原漢人の痕跡《こんせき》が少ないのは、その大部分が早くに近江国に移住したことによるとも考えられる。

息長《おきなが》氏と手を結《むす》んだ理由

『延喜式』の陵墓《りょうぼ》に関する規定には、磐之媛の「平城坂上墓《ならのさかのへのはか》」は大和国添上《そえかみ》郡にあるが、墓を管理する「守戸《しゅこ》」がいないから、神功皇后の「狭城盾列池上陵《さきのたたなみいけのへのみささぎ》」の守戸に兼任させると記している。

これらの陵墓は、奈良市北部に分布する、古墳時代前期から中期にかけての二〇〇メートルを超える巨大古墳が集中する佐紀盾列《さきたたなみ》古墳群中に求められる。宮内庁は、磐之媛墓をヒシァゲ古墳、神功皇后陵を五社神《ごさし》古墳（全長二七五メートル）と治定している。磐之媛が本貫の葛城に帰葬されたのではなく、先の歌を詠んだ奈良坂の地に築かれたのは、葛城氏とこの地の結びつきを示している。

百済系渡来集団で、絹の機織《はたおり》技術を持つ奴理能美《ぬりのみ》の家が山城の筒木（京都府京田辺市）にあり、磐之媛がそこに筒木宮を営み住んだことは、先に触れた。ここはまた、近江国坂田郡を本貫とする息長君《おきながのきみ》氏の山城国における拠地でもあった。

やや後の史料だが、嘉吉《かきつ》元（一四四一）年成立の『興福寺官務牒疏《こうふくじかんむちようそ》』に引く「普《ふ》賢寺《げんじ》補略録《ほりやくろく》」には、京田辺市にある普賢寺《ふげんじ》の山号を息長山といい、同寺の鎮守《ちんじゅ》である延喜式内社の朱智《すち》神社には、息長帯比売命《おきながたらしひめのみこと》（神功皇后）の祖父・迦邇米雷王《かにめいかつちおう》を祭ると伝えている。

ここで、「式内社《しきないしゃ》」について簡単に述べておきたい。『延喜式』巻第九・十には、朝廷の神祇祭祀を管掌《かんしょう》した役所・神祇官《じんぎかん》が管轄した全国の神社が、国郡《こくぐん》別に記載されている。これは『延喜式』神名帳《じんみょうちょう》と称され、古代の神祇祭祀を考える際の基本文献のひとつである。ここに登載されている神社を式内社という。

式内社には、律令制以前からの伝統を継承した神社が少なくないが、なかでも「名神大社《みょうじんたいしゃ》」に位置づけられる神社は、特に格式が高く、重要な歴史を踏まえているものが多い。

全国の式内社は二八六一社、三一三二座（ひとつの神社で祭神が複数の場合があるため、社と座の数は一致しない）ある。ヤマト王権の発祥地である大和国がもっとも多いが、天皇家の基盤である高市郡・城上郡とともに、葛城氏の基盤である葛上郡・葛下郡は、群を抜いて多い。

息長君氏が山城国南部の木津川流域に拠地を有していたことは、『新撰姓氏録』山城国皇別条に「応神天皇の三世孫、阿居乃王《あけの》の後なり」とする息長竹原公《おきながたかはらのきみ》氏が見えることからも証明される。息長竹原公氏は朱智神社の北方、久世《くぜ》郡麻倉《あさくら》郷竹原《たかはら》里（京都府久世《くぜ》郡久御山《くみやま》町）を本拠としたが、近江国の息長君氏の同族であろう。

葛城氏と息長君氏の親密な関係は、『記』応神天皇段に記される、新羅国主《しらぎこにきし》の子・天之日矛《あめのひぼこ》の後裔系譜からも知ることができる。天之日矛―多遅摩母呂須玖《たじまもろすく》―多遅摩斐泥《ひね》―多遅摩比那良岐《ひならき》―多遅摩毛理《もり》・多遅摩比多訶《ひたか》・清日子《きよひこ》と続き、この清日子が當摩之咩斐《たぎまのめひ》との間に酢鹿之諸男《すがのもろお》と菅竈由良度美《すがかまゆらとみ》をもうけ、多遅摩比多訶が菅竈由良度美を娶《めと》ってもうけたのが神功皇后の母である葛城之高額比売命《かつらぎのたかぬかひめのみこと》である、とする。

當摩之咩斐のことはよくわからないが、葛下郡に當麻《たぎま》郷〔葛城市當麻《たいま》〕があるから、葛城に縁りのある女性と見られる。

『紀』では、天日槍《あめのひぼこ》の渡来は第十一代の垂仁天皇の時とするが、気長足姫命《おきながたらしひめのみこと》の父・母は気長宿禰《おきながのすくね》王・葛城高額媛《かつらぎのたかぬかひめ》と記している。すなわち、応神天皇の母である神功皇后の母と曾《そう》祖母は、葛城の高額《たかぬか》〔葛下郡高額郷〕・當摩《たぎま》〔葛下郡當麻郷〕と、いずれも葛城の地名を負う女性である。

この時期の系譜伝承に、どれほど信憑性があるかはさだかではないが、五世紀の天皇の系譜において偉大な母后と位置づけられる神功皇后の出自系譜から、葛城氏と息長君氏の連携関係の痕跡を読み取ることはできる。

ちなみに、葛城氏と結びついた天皇の系統が武烈天皇で断絶した後、息長君氏や尾張連氏などを後背勢力として即位する継体天皇が、即位二〇年後に大和国の磐余玉穂《いわれのたまほの》宮《みや》〔奈良県桜井市西南部〕へ遷るまで居《きよ》していたのが、河内国の樟葉宮〔大阪府枚方市樟葉〕・筒城宮・山城国の弟国宮《おとくにのみや》〔京都府長岡京《ながおかきよう》市〕という淀川・木津川の流域だった。

これらの地は、即位前からの地域基盤だったが、継体天皇は淀川・宇治川・木津川・琵琶湖の水運網を中心とする地域的・政治的な結合を直接的な権力基盤として即位したのである。

水運網や息長君氏などが、葛城氏のそれと大部分で重複することは注目すべきであり、継体天皇の即位が葛城氏の滅亡や五世紀の天皇家の断絶と、無関係ではなかったことを示している。

和珥《わに》氏と手を結んだ理由

和珥氏は、五～六世紀代の応神・反正・雄略・仁賢・継体・欽明・敏達《びだつ》の七天皇に九人のキサキを入れ、長期にわたり、天皇家の姻族として重きをなした。キサキの数で葛城氏や蘇我氏と肩を並べるが、和珥氏出身のキサキが産んだ皇子が即位することはなく、キサキの産んだ皇女が再びキサキになる点に特徴がある。

和珥氏の本貫は、『延喜式』神名帳に登載される、和爾坐赤坂比古神社《わにいますあかさかひこ》〔奈良県天理市和爾《わに》町〕や和爾下《わにのしも》神社〔天理市櫟本《いちのもと》町〕が鎮座するあたりに求められる。

その天理市櫟本町にある東大寺山《とうだいじやま》古墳は、全長一四〇メートルの前期の前方後円墳で、和珥氏の奥津城《おくつき》（墓域）のひとつである。その主体部から出土した一一〇センチの環頭大刀《かんとうたち》の刀身に、

　中平《ちゅうへい》□□五月丙午造作支刀　百錬清剛　上応星宿下辟不祥

（※□は判読不能な部分）


と、めでたい言葉が金象嵌《きんぞうがん》されていることに留意される。

特に、中平（一八四〜一八九年）は中国・後漢の年号で、わが国では福岡県福岡市の志賀島《しかのしま》から出土した金印「漢委奴國王印《かんのわのなのこくおういん》」に次ぐ文字史料として貴重である。二世紀末の倭国と後漢の交渉が想定されるが、和珥氏が相当に古い歴史を負う集団であるとわかればよい。

『記』・『紀』や『新撰姓氏録』などによれば、和珥《わに》（丸邇）氏の同族には、春日臣《かすがのおみ》・

小野《おの》臣・粟田《あわた》臣・柿本《かきのもと》臣・大宅《おおやけ》臣などの諸氏があり、大和国の和爾《わに》〔天理市北部〕をはじめ春日、難波や山城国の木津川・淀川・宇治川流域、近江国の琵琶湖西岸にまで勢力の広がりが認められる。

『記』崇神《すじん》天皇段には、建波邇安《たけはにやす》王の反乱に際し、大毘古命《おおびこのみこと》と丸邇臣《わにのおみ》氏の祖・日子《ひこ》国夫玖命《くにぶくのみこと》を派遣して鎮圧したとある。この物語の舞台が、天理市の丸邇坂・京都府の木津川・大阪府枚方市の樟葉・京都府相楽《そうらく》郡の祝園《ほうその》である。

また、『記』仲哀天皇段は、応神天皇の即位をめぐり、香坂《かごさか》王・忍熊《おしくま》王が反乱した際に、丸邇臣氏の祖・難波根子建振熊命《なにわねこたけふるくまのみこと》が鎮圧に活躍したと伝えるが、乱の舞台は難波から琵琶湖であった。なお、『紀』神功皇后摂政前紀では、両王の反乱鎮圧の主人公は葛城氏の祖・武内宿禰であり、和珥臣氏の祖・武振熊《たけふるくま》は脇役である。

二王の反乱を鎮圧する中心人物が、『記』仲哀天皇段は丸邇臣氏の祖・難波根子建振熊命だが、『紀』神功皇后摂政前紀では葛城氏や蘇我氏の祖・武内宿禰になっていること、磐之媛を説得するのが『記』仁徳天皇段では丸邇臣口子《くちこ》だが、『紀』仁徳天皇条では葛城氏の同族という的臣《いくはのおみ》氏の祖・口持《くちもち》という、所伝の差異が存在する。

これについて、『紀』の物語は、蘇我氏が祖先を顕彰《けんしょう》しようと新しく創作・改変したもので、本来は『記』のように和珥氏が活躍する物語だったとする考えもある。

しかし、それならどうして蘇我氏系氏族ではなく、葛城襲津彦の後裔である的臣氏の祖が登場するのか説明がつかない。さらに、これ以外の和珥氏にかかわる記事に、後から蘇我氏が手を加えたという痕跡も見当たらないから、蘇我氏による改変と解する根拠はない。

おそらく、伝承した集団の違いなどによって、『記』・『紀』に見るふたつの物語が伝えられていたのだろう。あるいは、本来は和珥氏系の伝承だったかもしれないが、そこに武内宿禰や的臣氏が登場するのは蘇我氏の加筆ではなく、和珥氏と葛城氏の関係によるものと考えられる。両氏の間に対立的情況は見られないから、それは互恵《ごけい》的な関係だったと思われる。

先に述べたように、磐之媛の歌に見える那羅山―倭間は、この和珥氏の本貫地である。葛城氏が、紀伊国→難波大津→淀川・木津川→山城国筒城→那羅山→倭→葛城高宮という交通路を確保するには、息長氏・和珥氏や渡来系の奴理能美後裔氏族らとの連携が不可欠であった。

各氏族との連携がもたらしたもの

本章最後に、葛城氏の権力基盤である水運・海運に関しての考察をまとめてみる。

葛城氏が本拠とした大和の葛城地域は、大和川の支流のひとつ、葛城川の上流にあたるものの、水運とは無縁の内陸地域である。しかし、葛城氏は四世紀後半から五世紀代にかけて、ヤマト王権の対外交渉を主導し、天皇に並ぶ権力を握っていた。それが可能だったのは、各地の主要な氏族と連携することで、西日本の主要な水運網を掌握していたからである。

まず、仁徳天皇の皇后である葛城襲津彦の娘・磐之媛の、紀伊国の熊野岬からの帰還経路や、筒城宮にとどまり那羅山に葬られたと伝えられることなどから、葛城氏が淀川・木津川水系の水運網を掌握していたことや、この地にも拠点を有した近江国坂田郡本貫の息長氏と連携していたことなどが推察された。

また、磐之媛の歌謡や和珥氏の登場から、この水運網が奈良盆地東縁部の南北陸路

（後世の上津道《かみつみち》や山辺道《やまのべのみち》）を経由して、葛城に結ばれていた情況も読み取ることができた。

大和の盆地地域の水は大和川となって河内の平野部に流出し、河内湖に注いでいた。これを利用するには、盆地内の支流を利用する方法と、水越峠を越え河内へ出て石川を利用するふたつの経路があった。『新撰姓氏録』から、河内国・和泉国・摂津国には、平安時代においても葛城襲津彦の後裔を称する氏族が存在したことから、葛城氏が大和川水系の水運網を掌握しただけでなく、大阪湾沿岸から河内湖周辺地域に大きな影響力を有していたことが知られる。このことは、後述する日下宮《くさかのみや》王家と葛城氏の関係からもあきらかになる。

ちなみに、五世紀代のヤマト王権にとって、河内湖に注いでいた淀川・木津川水系と大和川水系の水運網がもっとも重要であったことは、昭和六十二（一九八七）年からの難波宮跡発掘調査で、前期難波宮跡下層から、東群の六棟・西群の一〇棟よりなる五世紀代の大規模な高床倉庫群が出土したことで、より明瞭となった。

上町台地北端中央の平坦部に建造された大倉庫群から北に八〇〇メートルほど下れ

ば天満川、すなわち難波堀江に至る。大規模な高床倉庫群と難波堀江の開削は連関しており、瀬戸内海・難波堀江・難波津・大和川・淀川の水運網とも密接に結びついていたのである。

武内宿禰・葛城襲津彦関係の系譜伝承からは、葛城氏がもっとも親密な関係を結んでいたのは紀氏であったことが知られた。葛城氏の本貫地内に、紀氏の有力な同族である楢原造氏や大坂直氏の本拠があったことは、葛城氏と紀氏の積極的で濃密な人的・物的交流を示している。

このことは、葛城氏の本拠にある鴨神遺跡から紀路につながる人工的な大規模道路遺構や紀ノ川河口近くの鳴滝遺跡から、大規模な高床倉庫群などが出土していることからも、明白である。

また、大和国平群郡に延喜式内名神大社の平群坐《へぐりにいます》紀氏《きうじ》神社（奈良県生駒郡平群町上庄《かみしょう》）が鎮座し、貞観十二（八七〇）年に平群郡に紀氏の居住が確認されること、平群町にある六世紀後半の三里《みさと》古墳（全長四〇メートルの前方後円墳と推定）は紀ノ川河口付近の古墳に特徴的な石棚《いしだな》のある横穴式石室墳であることから、大和川の北岸に位置する平群郡地域にも、早くから紀氏が移住していたことが知られる。

これらからは、紀ノ川・吉野川流域から風の森峠を越えて、金剛・生駒山地東麓の葛城へ、さらに平群の地に移動していった紀氏の動きが想定される。

建内宿禰後裔系譜では、葛城氏・紀氏・平群氏が同祖と位置づけられている。これら氏族の連携関係が、葛城氏を中心とする政治的結合を示していると解するならば、おおいに諒解されるところである。

さらに、葛城の朝妻という地名を鍵に、ここを本貫とする朝妻造氏をはじめ、同族を称する末使主・木曰佐・木勝氏らの山城国紀伊郡への移動、朝妻の地名を負う允恭天皇、その皇后忍坂大中姫命の出身地である近江国坂田郡の朝妻の地名の存在、ここを本貫とする息長氏との協力などから、葛城氏には宇治川から琵琶湖に至る水運網も利用可能な情況にあったことがあきらかになった。

この経路は、日本海・北陸地域と結ぶ要路でもある。なお、朝妻造氏の同族を称する末使主・木曰佐・木勝氏らについては、元の本拠である葛城朝妻と山城国紀伊郡への移動にかかわり、有力な渡来系集団である秦氏との関係も想定できた。

畿内地域の河川・湖沼の水運網は、大阪湾岸の住吉津・難波津に収斂《しゅうれん》し、瀬戸内海の海運に結ばれる。この瀬戸内海運を利用するためには沿岸勢力、特に五世紀代に隆盛を誇った吉備《きび》氏との連携が不可欠である。

海を越えて対外交渉を行なうには、朝鮮半島への海路を掌握しなければならないが、おそらくは対馬《つしま》島などを中継地として利用したと思われる。これらに関連する、吉備氏と葛城氏の関係については第五章で、対馬と葛城氏については第六章で述べることとする。

このように、葛城氏は畿内地域の水運網だけでなく、西日本・瀬戸内海から朝鮮半島に至る海上交通網を掌握し、海外の諸国と積極的な交渉を展開しており、これが葛城氏の権勢のもっとも大きな基盤であった。

第四章　遺跡から見る、渡来人との関係

渡来人との関係が深まった理由

これまで、天皇家の姻族としての葛城氏や、畿内から西日本におよぶ水運網の掌握によるヤマト王権の対外交渉の主導などについて、述べてきた。

対外交渉権の掌握は、必然的に渡来人との関係を緊密なものにした。なかでも、渡来人の保有する先進の文化、技術は当時の倭国においては貴重であり、その積極的な導入は王権の強化、社会の発展に不可欠であった。

先にも触れた『紀』神功皇后五年三月条の、葛城襲津彦が四邑《よつむら》の漢人《あやひと》の始祖らを連れ帰ったとある所伝は、その点でも象徴的である。ヤマト王権の対外交渉権を掌握した葛城氏が、先進の知識と技術、それらを保有していた集団を優先的に掌中《しょうちゅう》にしていたのは当然ともいえる。

これまで葛城氏関連の所伝の信憑性は、それを証明する材料がほとんどなかったこともあり、必ずしも高くは評価されなかった。

ところが近年、奈良県御所市の南郷《なんごう》遺跡群（図表6）をはじめとする発掘調査が進展して、新たな知見が増え、葛城氏に関する情況があきらかになってきたことで、そ

図表6　南郷《なんごう》遺跡群内の遺跡分布

（図表／奈良県立橿原考古学研究所附属博物館　※一部改変）

れらの評価も改められつつある。

本章では、そうした考古学の成果を援用し、代表的な遺跡から葛城氏の実像に迫ってみたい。

古代の葛城地域はかなり広域であるが、葛城氏本来の拠地は律令制下の葛上郡・忍海郡、いわゆる南部葛城地域と見られるので、北部葛城の地域については示さない。また、忍海郡については別な問題が含まれるので、第六章で述べることにする。

葛城襲津彦の墓（宮山《みややま》古墳）

奈良県の御所市室《むろ》にあり、室大墓《むろのおおばか》とも呼ばれた宮山古墳は、周濠《しゅうごう》を持ち、全長二三八メートルの、五世紀はじめ頃に築造された巨大な前方後円墳である。古墳築造の時期や南部葛城で最大規模であることなどから、早くから葛城襲津彦の墓と目されてきた。

明治四十一（一九〇八）年頃、墳丘《ふんきゅう》の前方部を開墾《かいこん》中に、粘土槨《ねんどかく》に木棺《もっかん》を埋納した主体部が発見された。そこから銅鏡十一・滑石《かっせき》製勾玉《まがたま》二九、ガラス小玉約一〇〇などが出土し、大正十（一九二一）年に史跡に指定された。

昭和二十五（一九五〇）年に後円部の墳丘が盗掘され、その修復目的で墳丘部の発掘調査が行なわれた。その結果、以下が判明した。

後円部墳丘には南北二基の竪穴《たてあな》式石室が存在し、盗掘の被害にあったのは南側の石室だった。南の竪穴式石室は、紀ノ川流域に産出する緑泥片岩《りょくでいへんがん》を小口《こぐち》積みにして構築され、全長五・五一メートル、東側幅一・八八メートル、高さ一・〇六メートルである。その中には、兵庫県の加古《かこ》川下流域で産出する龍山石《たつやまいし》製の長持型《ながもちがた》石棺が埋納されていた。

石棺の蓋石《ふたいし》長は三・七七メートル。主要な副葬品はほとんど持ち去られていたが、銅鏡の破片・翡翠《ひすい》・硬玉《こうぎょく》・滑石製勾玉・滑石製模造品・甲冑《かっちゅう》の破片・鉄鏃《てつぞく》・鉄剣・鉄刀などが残されていた。

墳丘上には、石室をめぐって二重の埴輪《はにわ》列があり、内側の円筒《えんとう》埴輪に対して、外側には盾《たて》・靫《ゆぎ》・甲冑・家屋（写真4）などの形象埴輪が樹立されていた。

平成十（一九九八）年九月、台風七号の強風は、奈良県内に大きな被害をもたらしたが、この宮山古墳の墳丘上の多くの樹木も引き倒された。その根穴から、四世紀末から五世紀はじめ頃の朝鮮半島南部・伽耶《かや》地域の船形土器や高坏《たかつき》など陶質《とうしつ》土器が出土し、くしくも被葬者と朝鮮半島の結びつきを証明することとなった。

宮山古墳から西進すれば水越峠を越えて河内に、南進すれば風の森峠を越えて紀路に至ることができる。先に述べた、葛城氏が掌握した交通網の要《かなめ》に宮山古墳が位置することも意図的である。

宮山古墳には複数の埋葬施設が存在するが、立地・規模・出土遺物・築造時期などから見て、中心的な被葬者には葛城襲津彦をおいては考えられないであろう。宮山古墳の築造が、渡来系文化の痕跡が濃密な南郷遺跡群が盛期を迎える直前の築造であると見られているのも、被葬者像と矛盾《むじゅん》しない。

葛城氏の正殿《せいでん》（極楽寺《ごくらくじ》ヒビキ遺跡・南郷安田《なんごうやしだ》遺跡）

平成四（一九九二）年から、農業の機械化・近代化を推進する目的で、水田・水路・農道などの圃場《ほじょう》整備事業が、葛城氏の本拠でも実施された。それに先だって、遺跡・遺構の事前調査を実施したところ、後に南郷遺跡群と称される、五世紀代を中心とした多種多様な遺跡が集中的に出土し、葛城氏の実像を解明する資料が一挙に増加した。

その調査結果は、大部《たいぶ》な五冊の報告書としてまとめられている。専門の報告書を門外漢が理解し、解説することは容易でないが、奈良県立橿原考古学研究所附属博物館や調査に携《たずさ》わった考古学研究者らによる簡便な紹介もなされている。

巨大な遺跡のすべてを記すのは紙幅の面でも困難であり、筆者が南郷遺跡群内でもっとも重要で特徴的と考える遺跡について概要を紹介しよう。

写真4 家形埴輪《はにわ》

宮山古墳から出土した3棟のひとつ。高さ1.2メートルの入母屋《いりもや》造り

（写真／奈良県立橿原考古学研究所附属博物館）

古くは、一一二八メートルの金剛山と九六〇メートルの葛城山を合わせて、葛城山と称した。南・西は標高が高く、北・東は低くなるが、南郷遺跡群は金剛山の東麓の、深い谷で枝状に分断される扇状地《せんじょうち》上に分布する。

その中の極楽寺ヒビキ遺跡（写真5）は、南郷遺跡群の南東部高台に位置し、空気の澄《す》んだ冬の晴れた日には奈良盆地の北、仁徳天皇の皇后・磐之媛を葬ったとされる奈良山あたりまで望むことができる。

調査の結果、約二〇〇〇平方メートルの敷地西側に大型掘立柱《ほったてばしら》建物、東側に大きな広場と隅《すみ》に小規模な掘立柱建物、それを囲む両岸に石垣を積んだ堀と塀が検出された（図表7）。

また、南側から堀をまたいで区画内に入るための幅八メートルの土橋も出土した。土橋を渡り区画内に入ると、三本の板柱が建てられていたが、その左手に楼閣《ろうかく》状の高層高床建物・高殿《たかどの》が建てられていた。柱間《はしらま》が五間×五間、面積は二二〇平方メートルの巨大な掘立柱建物で、特徴的なのは、そこに幅五八〜八四センチ、厚さ一〇〜一六センチの板柱《いたばしら》が用いられていたことである。

写真5　極楽寺《ごくらくじ》ヒビキ遺跡から大和《やまと》盆地を望む

（写真／奈良県立橿原考古学研究所）

図表7　極楽寺ヒビキ遺跡の遺構状況

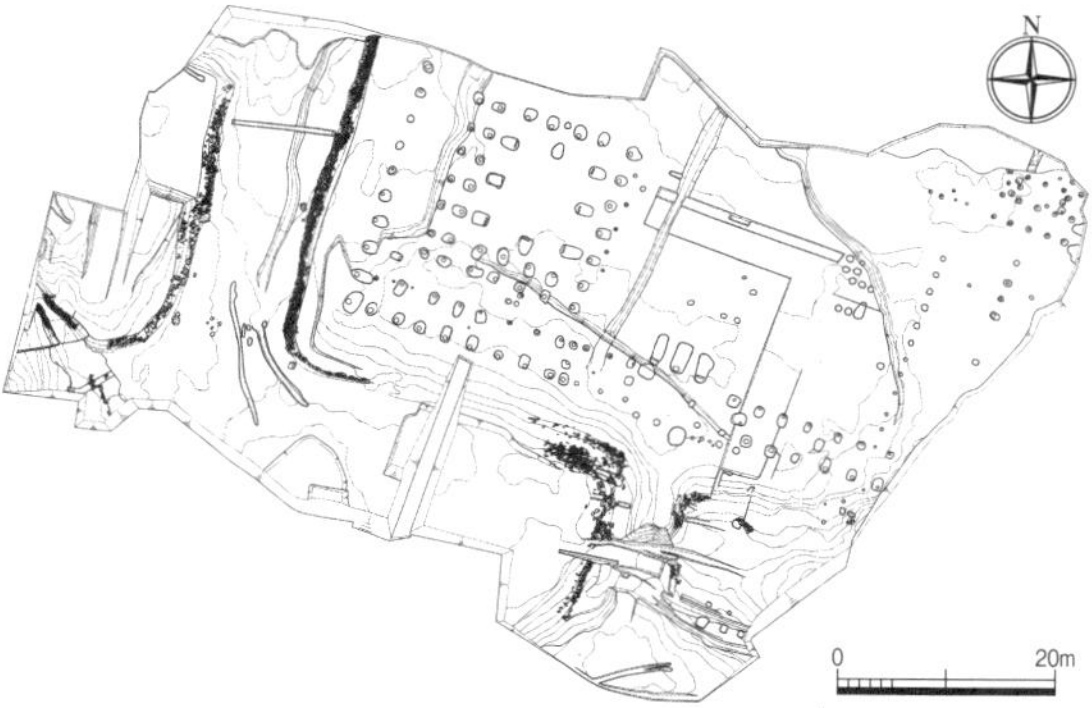

（図表／奈良県立橿原考古学研究所）

板柱を用いた古墳時代の掘立柱建物跡は、奈良市の西大寺東《さいだいじひがし》遺跡や橿原市の藤原《ふじわらの》宮下層《みやかそう》遺跡でも出土している。ちなみに、写真4（125ページ）で紹介した家形埴輪も板柱である。

板柱を建てた穴の柱があった部分は赤い土に置き換わっていたが、この要因を火災に求める考えもある。だとすれば、葛城円大臣《かつらぎのつぶらのおおおみ》が焼き殺されて滅亡したと伝えられることに引きつけて理解することもできる。また、磐之媛が「葛城高宮　我家のあたり」と詠んだという、葛城氏の居館と見る考えもある。

この極楽寺ヒビキ遺跡の北東、約五五〇メートルにあるのが南郷安田遺跡であり、ここからも巨大な建物遺構が出土している。南北約一〇〇メートル、東西約五〇メートルの南北の区域内に、南から竪穴建物群、大型掘立柱建物、塀《へい》（柵《さく》）で囲まれた区画と、山側にはこれらを囲む塀が検出された。

特に中心部の大型掘立柱建物は三重の柱（丸柱）列で、外の柱列は一辺一七メートル、面積二八九平方メートルもあり、目下のところ古墳時代中期では最大の建物である。

これらの遺跡からは、日常生活の痕跡は検出されておらず、板柱という特殊な建築様式や規模が巨大であることなどから、非日常の建物であったと見られる。おそらくは、政治的・宗教的儀礼に用いられた葛城氏の正殿《せいでん》、聖屋《せいおく》であったと思われる。

葛城氏の水を用いた儀礼（南郷大東《おおひがし》遺跡）

南郷大東遺跡は、極楽寺ヒビキ遺跡と南郷安田遺跡のなかほどの、尾根のゆるやかな斜面にある。ここでは、小川を屈曲《くつきょく》する部分で整地造成して堰《せ》き止め、その下流に水を溜《た》めて利用できるようにした大型遺構、全長二五メートルの導水《どうすい》施設（写真6）が検出された。

この導水施設は、次の五つの部分から構成される複雑な構造だった。①貯水池、②木樋《もくひ》1、③木樋2、④木樋3・覆屋《おおいや》・垣根《かきね》、⑤木樋4。

その構造は、①の貯水池（全長十二メートル、高さ〇・九メートルの石貼《いしば》り）で溜められた水を、②〜⑤の木樋を通して、下流へ流すしくみになっている。④の木樋3がもっとも大きく、長さ約四メートルで、檜《ひのき》の大木を刳《く》り抜き、水を溜める槽《ふね》の部分と水を通す樋《ひ》の部分を一体で造り出している。

檜の大木は、紀ノ川下流域もしくは淀川・木津川流域から運ばれたと見られているが、これは先に触れた葛城氏が掌握した水運網とも矛盾しない。

さらに、一辺約四メートルの覆屋と一辺約五メートルの垣根が、④の木樋3を周囲から遮蔽《しゃへい》していて、内部で水を利用する様子をうかがえないようになっている。

遺物は、土師器《はじき》・須恵器《すえき》・製塩土器・韓式《かんしき》系土器・武器・農耕具・紡織《ぼうしょく》具・机・椅子《いす》・琴《こと》・翳《さしば》・照明具（燃え止《さ》し）・ひょうたん・桃・馬・大型海水魚のクエなど、実に多様な品々が出土した。

朝鮮半島系の製法で作られた軟質《なんしつ》の韓式系土器は、渡来人との関係を示すが、海洋魚のクエは海洋民との交流を示している。武器・農耕具・机・椅子・照明具など多種多様な木製品は実用品ではなく、儀礼用と見られるものばかりであり、ひょうたん・桃・馬・クエなどもその際の供物《くもつ》と考えられている。

問題は、非日常的なこの遺跡の用途であるが、調査担当者によって「夜間に覆屋の中で、木を燃やした灯《あか》りのもと、木樋を流れる水を汲《く》み上げる重要な儀礼が、秘儀と

写真6　古代の導水施設《どうすい》

南郷大東《なんごうおおひがし》遺跡から出土した。④が儀礼の場とされている

（写真／奈良県立橿原考古学研究所）

して葛城の首長により執り行なわれた」と推定されている。

この他にいくつかの別な解釈もあるが、いずれも断定するに足る有力な根拠はなく、実像はなお霞《かすみ》の彼方《かなた》にある。

ただ、極楽寺ヒビキ遺跡あるいは南郷安田遺跡の主《あるじ》である葛城氏の首長が、政治的もしくは宗教的、あるいは両者が一体となった水辺の儀礼をここで執り行なっていたことは確かである。儀礼の具体像解明は、今後に残された課題のひとつである。

葛城氏の金属工房（南郷角田《かどた》遺跡）

南郷遺跡群中央部の高台に位置する南郷角田遺跡からは、大規模な生産工房遺構が出土した。五世紀前半の赤く焼けた砂層から、膨大《ぼうだい》な量の金属・ガラス・鹿角《ろっかく》製の遺物などが出土し、下層には壁が赤く焼けた穴が並んでいた。韓式系土器や須恵器も多く出土した。

遺物でもっとも多いのが小さな鉄片で、大きくても縦横が〇・五センチ×一センチ、厚さ〇・三〜〇・九ミリほどであるが、総重量は一キログラムにもなる。南郷遺跡群全体では、鉄の精錬・鍛冶《かじ》・鍛造《たんぞう》の際に排出される残りカスの鉄滓《てっさい》が約三〇キログラム、鞴《ふいご》羽口《はぐち》は四〇点以上出土しているが、南郷角田遺跡からはこれらは出土していない。

金属を加工するには高温を加えなければならない。鞴《ふいご》はそのための送風機であり、その取り付け口が鞴羽口である。現在では、燃料に石炭（コークス）を用いるが、当時は、おそらく高品質な木炭を用いていたと想定される。

小鉄片の用途は明瞭でないが、甲冑《かっちゅう》の一部や鋲《びょう》留《ど》めした鉄製品、釘《くぎ》状製品などが出土しているから、ここでは鉄製の武器や武具、工具類の完成品が製作されていたと見られる。

鉄の他に、わずかではあるが金・銀・銅も出土している。出土した銀は、熱を受けて球状や滴《しずく》状になった銀滴《ぎんてき》で、加工時の排出物である。これは、排出物としての銀滴の、わが国最古の事例と見られる。

銅には、円環状や棒状の製品があるが用途はあきらかでなく、銅滴《どうてき》や銅滓《どうさい》も出土している。分析の結果、銅滓には金が◯・一二パーセント含まれており、これは銅の地《じ》金《がね》に含有されている数値ではなく、金や金銅《こんどう》（銅に鍍金《めっき》）が溶《と》けたものと見られている。

ここでは、金銅製品も製作されていたと見られるが、当時のわが国では金・銀・鉄はいまだ産出せず、それらの原料はインゴット（塊《かたまり》）や延板《のべいた》（鉄鋌《てってい》）状で輸入していた。葛城氏は、高価な輸入品を入手する手段と財力を有し、それらを製作する先進の工人《こうじん》集団も擁《よう》していたのである。

ガラスでは、丸玉四〇個・小玉一五二九個・管玉《くだたま》四個などの製品と、加工する際の排出物であるガラス滓一二二グラムが出土した。

鹿の角はじょうぶなことから、刀剣・小刀の鞘《さや》や柄《つか》を飾る際に用いられるが、ここからはその細かな砕片《さいへん》一八七七グラムが出土している。大量の刀剣類を製作していたことが知られ、葛城氏の武力も示している。

南郷角田遺跡は、刀剣や甲冑など武器・武具類、ガラス製装飾品など、熱を加えてさまざまな製品を製作する、複合的な生産工房だったようだ。その材料の入手までを視野に入れるならば、葛城氏の権勢の大きさが想定されよう。

葛城氏の物流センター（井戸大田台《いどおおただ》遺跡）

前期難波宮の下層や鳴滝遺跡の大規模な高床倉庫群については先に触れたが、南郷遺跡群中央部高台に位置する井戸大田台遺跡からも、一辺九メートルの大規模な高床倉庫跡三棟が南北に並んで出土した。
高床倉庫は、床下部分にも柱を建てる総柱《そうばしら》構造で、重い物を収納したと見られる。その建築時期は五世紀後半である。なお、高床倉庫の間には、一間×九間という長大な建物が存在する。倉庫群の五〇〇メートル東方にある南郷九山《くやま》遺跡からは、南郷遺跡群でもっとも多い一〇キログラムもの鉄滓が出ていることから、ここの高床倉庫の収納物として鉄製品が想定されている。

後の律令政府の宮内省《くないしょう》は、天皇や皇室に関する庶務を担当したが、その直属下級官司《かんし》に主殿寮《とのもりょう》があった。その職務は、殿舎《でんしゃ》の清掃や天皇の乗りもの・垂《た》れ幕《まく》、灯燭《とうしょく》（油・蠟《ろう》の灯《あか》り）・松柴《しょうし》（薪《たきぎ》）・炭燎《たんりょう》（炭と松明《たいまつ》）などを供給することであった。具体的な職務の遂行は、四〇人の殿部《とのべ》が担っていたが、殿部には律令制以前からの伝統として日置《ひおき》・子部《こべ》・車持《くるまもち》・笠取《かさとり》・鴨《かも》の五氏の人をあてるのがきまりだった。その中の燈燭・松柴・炭燎は、日置氏と鴨氏が担当した。

葛上郡に日置郷のあったことは先に触れたが、日置郷は、日置氏もしくは配下の日置部が居住していたことに由来する地名である。また鴨氏の本貫が葛上郡であることは、後にくわしく述べる高鴨《たかかも》神社や鴨都波《かもつば》神社の鎮座、鎌倉時代に著《あら》わされた『日本書紀』の註釈書である『釈日本紀《しゃくにほんぎ》』が引用する『山城国風土記《やましろのくにふどき》』（逸文）の賀茂社縁起説話などからあきらかである。

今日《こんにち》でも、高級品である紀州備長炭《びんちょうたん》や茶道に用いる菊炭《きくずみ》などで知られるように、良質の木炭生産には最適の材料とともに高度な技術が必要であり、誰もが容易に生産できるものではない。

五世紀に金属加工の先進地であった葛城には、良質の木炭を大量に生産する技術があったのである。奈良時代のことであるが、平城京《へいじょうきょう》の長屋王《ながやおう》邸宅跡から、葛城の「鴨伊布賀《かものいふか》」という人物が炭を進上することを記した木簡が二点出土しているのも参考になる。五世紀代においても、金属加工に不可欠な良質の木炭生産は、葛城の鴨氏や日置氏が担っていたのである。

井戸大田台遺跡倉庫群の西方と南方には、竪穴住居群がある。西方のそれは五世紀前半、南方は六世紀後半のものであるが、大壁《おおかべ》建物も検出されている。大壁とは、土壁の中に柱を埋め込んだ建物で、渡来系の集団に特徴的な建築様式である。

住居の貯蔵穴や竃《かまど》からは製塩土器が出土していることから、内陸の葛城では貴重な塩も、倉庫に収蔵されていたと見られている。当時、塩は濃縮した海水を小さな土器に入れ煮詰《につ》めて生産され、ほぼ固形化した塩の入った製塩土器のままで流通した。製塩土器には地域によって特色があり、生産地を特定できるが、ここから出土したものの多くは大阪湾岸産であり、少数だが紀ノ川河口地域産もあるという。

先に、『新撰姓氏録』河内国皇別条の「武内宿禰の男、葛木曾都比古《こ》命の後」とする塩屋連氏について述べた。塩屋連氏は、葛城氏政権下で製塩や漁業・海運などに従事しており、九世紀初頭においても葛城氏同族を称していた。井戸大田台遺跡出土の製塩土器との関連も想定されるが、遺跡の西には、現在も塩屋の地名が存在することも参考になる。

要するに、井戸大田台遺跡は、葛城氏の鉄と塩の物流センターであったと見られる。それらの品は、葛城氏が掌握していた大阪湾沿岸部や紀伊に至る交通路を通り、水越峠や風の森峠を越えて運ばれてきたに違いない。

葛城氏の盛衰《せいすい》（南郷田鶴《たづ》遺跡）

ここまで、近年の葛城南部地域の考古学調査による成果の一端を紹介した。そして、葛城氏が渡来系集団を取り込むだけでなく、渡来人の有する故地《こち》（故郷）との連絡網を活用して先進文物を導入、彼らが中心になって積極的に生産活動を展開し、ヤマト王権の中で優越する地位を確立していた姿が、おぼろげながら見えてきた。

葛城南部地域の考古学の成果は膨大《ぼうだい》であるが、小規模なものにも留意すべき内容がある。南郷田鶴遺跡は、極楽寺ヒビキ遺跡の南に位置し、造《つく》りつけの竈のある数基の竪穴住居からなる小集落である。

そこから、坏《つき》部に二段の方形の透《す》かし孔《あな》を交互に配置するという、特異な形をした須恵器の高坏《たかつき》（あるいは器台《きだい》）が出土した。類似形のものは、太秦《うずまさ》古墳群〔大阪府寝屋《ねや》川《がわ》市〕や八重田《やえだ》古墳群〔三重県松阪《まつさか》市〕、朝鮮半島南東部の新羅・伽耶からも出土している。

現在の寝屋川市太秦のあたりは、古代には河内国茨田《まんだ》郡幡多《はた》郷であり、秦氏の拠地のひとつである。先に、秦氏が葛城襲津彦とともに渡来、あるいは金・銀・玉《ぎょく》など多くの宝物を携えて渡来して葛城の朝津間腋上《あさつまわきかみ》に拠地を与えられた、と伝えられることを紹介した。南郷田鶴遺跡から出土した異形《いぎょう》の高坏を、秦氏系集団とかかわって理解することも可能だろう。

南郷遺跡群では五世紀後半になると、韓式系土器の出土が見られなくなる。これは、葛城における渡来系文物の受容が終わったことを示している。さらに、六世紀代には遺跡・遺物そのものが減少し、再び増加するのは七世紀のことである。こうした遺跡・遺物の動向は、文字史料から知られる葛城氏の盛衰過程とも整合する。

第五章　葛城氏の滅亡

任務を怠《おこた》り、殺害された葛城玉田宿禰《かつらぎのたまたのすくね》

四世紀末頃から葛城氏は、関係諸勢力と連携することで西日本の主要な水運・海運網を掌握し、ヤマト王権の対外交渉を主導して先進文物を優先的に導入し、強大な権勢を誇った。天皇といえども、葛城氏と関係を結ばなければ王権を維持できない情況にあったことは、葛城氏出身の多くのキサキの存在に現われている。それによって天皇は、王権の権力均衡を保っていた。

ところが、五世紀後半以降になると、葛城氏に関する記録が歴史書に見えなくなる。先に紹介した南郷遺跡群の衰退傾向とも一致するが、五世紀後半から末にかけて、葛城氏は滅亡したと見られている。

『記』・『紀』の関連記事からは、天皇と葛城氏の軋轢《あつれき》・抗争も想定されている。ただし、それは葛城氏自身が伝えたものではなく、かつその一部にすぎない可能性もある。いわば象徴的な記事であろうが、そこから葛城氏滅亡の謎を探ってみよう。

雄朝津間稚子宿禰《おあさつまわくごのすくね》という国風諡号《こくふうしごう》が伝えられる第十九代允恭《いんぎょう》天皇は、父が仁徳天皇・母が葛城磐之媛であり、葛城氏系の天皇である。

允恭天皇の国風謚号に朝妻という地名が含まれるのは、彼が葛城の朝妻に何らかの縁《ゆか》り、たとえばここで成長した、あるいは朝妻造氏が養育を担ったなどのことがあったからと考えられる。

しかし、允恭天皇と葛城氏の関係は良好でなかったと伝えられる。『紀』允恭天皇五年七月条には、次の物語が記されている。

允恭天皇は葛城襲津彦の孫の玉田宿禰に、先代の反正天皇の殯《もがり》（喪儀《そうぎ》）を執《と》り行なうように命じた。ところが、殯宮《もがりのみや》の責任者である玉田宿禰は任務を怠慢《たいまん》し、葛城に帰って男女を集め酒宴に耽《ふけ》っていたことが、殯の準備状況を視察に来た尾《お》張連吾襲《わりのむらじあそ》に知られてしまった。事が起こるのを恐れた玉田宿禰は、尾張連吾襲に礼物《れいもつ》として馬一匹を贈って油断させ、帰路に待ち伏せて殺害した。そして、武内宿禰の墓域に逃げ隠れた。それを聞いた天皇は玉田宿禰を召し出し、小墾田采《おわりだのうね》女《め》に命じて彼に酒を勧《すす》めた。その際、衣《ころも》の下に鎧《よろい》を着けているのが露見《ろけん》し、天皇は彼を殺そうとした。玉田宿禰は密《ひそ》かに逃げ出して家に隠れたが、天皇は兵士を遣《つか》わして彼を殺害した。

玉田宿禰は、葛上郡でも北東部に位置し、玉田《たまんだ》の地名も残っていた玉手〔御所市玉手〕に縁りのある人物と見られる。この地は、建内宿禰後裔系譜記事に、葛城長江曾都毘古の後裔氏族として見える玉手臣《たまでのおみ》氏の本貫でもある。

『記』・『紀』には、第二代綏靖《すいぜい》天皇から第九代開化《かいか》天皇までは、系譜的記事だけで具体的な治績が伝えられず、実在の確認が困難なことから闕史《けつし》八代と呼ばれるが、「室秋津島宮《むろのあきづしまのみや》」に居した第六代孝安《こうあん》天皇は、死後「玉手丘上陵《たまてのおかのうえのみささぎ》」に葬られたと伝えられる。

いずれも、御所市玉手から室にかけての地に比定されるが、真偽のほどはさだかでない。

天皇でも手出しできない、武内宿禰《たけしうちのすくね》の墓域

玉田宿禰の所伝で興味深いのは、彼が武内宿禰の墓に逃げ込んでいることである。武内宿禰の墓については、先述の宮山古墳に比定するむきもあるが、これは時期や内容から見て葛城襲津彦墓に比定するのが妥当である。場所はさだかでないものの、注

目すべきは、玉田宿禰がそこに逃げ込んだことと、その理由である。おそらく、その理由は、玉田宿禰がそこへ逃げ込めば捕《とら》われることがなかったからである。そこは、第三者の侵入を拒絶するという、特別な観念が共有された場所である。

こうした特別な聖域を、アジールという。アジールとは、世俗権力の干渉や世俗法の適用を受けない特権を保証された特別な場所のことで、墓・神社・寺院・教会などが、それと考えられた。アジールを支配していたのは、宗教的秩序であったために、世俗の法は適用されなかったのである。

わが国の古代において、よく知られたアジールに石上神宮があった。石上神宮には、各地の豪族がヤマト王権に服属した証《あかし》として差し出した、大量の神宝《しんぽう》（多くは武器・武具）を収蔵する「天神庫《あめのほくら》」があった。その祭祀は、ヤマト王権が特別に任命した「物部《もののべ》」の名を持つ祠官《しかん》が担当し、律令制下でも神社殿舎の鑰《かぎ》は朝廷の管理下に置かれた特別な神社であった。

たとえば、允恭天皇の兄・履中天皇は、即位前に弟・住吉仲《すみのえのなかつ》皇子の攻撃を避《さ》けて、石上振神宮《いそのかみふる》（石上神宮）に逃れたとある。また『紀』雄略天皇三年四月条には、阿閉臣国見《あへのおみくにみ》の讒言《ざんげん》を信じて、わが子を殺した廬城部連《いおきべのむらじ》枳莒喩《きこゆ》が国見に報復しようとしたところ、石上神宮に逃げ隠れたとある。

おそらく、玉田宿禰ら葛城氏一族にとって、先祖の武内宿禰の墓は世俗法のおよばない、アジールと考えられていたのであろう。だから允恭天皇は、わざわざ玉田宿禰を召し出して殺害したのである。

葛城玉田宿禰殺害における、尾張《おわり》氏の役割

允恭天皇は、殯宮責任者の職務をはたさなかったために葛城玉田宿禰を殺害したというが、いくら古代のこととはいえ、それはあまりにも過酷な責任追及ではなかろうか。葛城に縁りのある天皇が、そう簡単に葛城氏の首長《しゆちよう》を殺害するとは思われず、別の真相が隠れているのではないだろうか。玉田宿禰殺害事件の謎を解く鍵は、小墾田采女《おわりだのうねめ》と尾張連吾襲にあると思われる。

采女《うねめ》とは、各地の豪族が服属の証に姉妹や娘を天皇に差し出したことに起源し、キ

サキたちの生活する後宮《こうきゅう》で天皇身辺の雑事にしたがった女性のことだが、天皇の子を産むことも少なくなかった。

小墾田采女の小墾田《おわりだ》（小治田）という地名は現存しないが、奈良県高市郡明日香村の雷丘《いかづちのおか》周辺にあたる。小墾田采女は、小墾田の豪族が貢進《こうしん》した女性であったと見られるが、貢進者の具体像はあきらかにされていない。

小墾田に関係する事柄としては、六世紀はじめの安閑《あんかん》天皇の時にキサキである許勢《こせの》男人《おひと》大臣の娘・紗手媛《さてひめ》のために設定された小墾田屯倉《みやけ》、『紀』欽明天皇十三（五五二）年十月の仏教公伝《こうでん》記事の中に見える大臣・蘇我稲目宿禰《そがのいなめ》の小墾田家、推古天皇が十一（六〇三）年十月に正宮《せいぐう》とした小墾田宮《おわりだのみや》などがあるが、いずれも六世紀以降のことで、小墾田采女とは直接的な関連はない。

また、蘇我氏の同族に小墾田臣《おわりだのおみ》氏がいるが、六世紀前半の宣化《せんか》天皇の時から大臣に任じられる蘇我稲目宿禰の後裔である（『新撰姓氏録』右京皇別上条）。物部氏の同族である小治田連《おわりだのむらじ》氏は、欽明天皇の時に小治田の鮎田《あゆた》を開墾して以降に成立する氏であり（『新撰姓氏録』左京神別上条）、彼らを小墾田采女を貢進した氏族とはできない。

ところで、小墾田を小墾と田に分けて理解すればどうだろうか。小墾《おわり》＝尾張《おわり》であるから、小墾田とは尾張田と解することができる。この解釈が可能なことは、『続日本紀』神護景雲《じんごけいうん》二（七六八）年十二月に尾張国《おわり》山田郡〔愛知県瀬戸《せと》市・春日井《かすがい》市・名古屋市東北部一帯〕の小治田連薬《おわりだのむらじくすり》ら八人に、尾張宿禰の姓が与えられたとあることからも知られる。

すなわち、允恭天皇による玉田宿禰殺害は、小墾田采女を貢進していた尾張連氏が関与した事件であり、いわば彼の手柄話として伝えられた物語であったと考えられる。そうだとすれば、事件の真相はどこにあったのだろうか。

葛城玉田宿禰殺害の真相

このように、玉田宿禰殺害事件には、尾張連吾襲と小墾田采女が大きな役割をはたしていたと見られるが、允恭天皇のもくろみはどこにあったのか。

初代天皇神武《じんむ》の大和征圧にかかわって、『紀』は神武の軍勢が「高尾張邑《たかおわりのむら》」の土蜘蛛《つちぐも》といわれた土着民を葛《かづら》の網を作り制圧したので、その邑《むら》を葛城《かづらき》と名づけたと記している。

葛城の元の地名は、高尾張邑であったという。また『記』は、孝元天皇の子の比古《ひこ》布都押之信命《ふつおしのまことのみこと》が、「尾張連等の祖、意富那毘《おおなび》の妹、葛城之高千那毘売《かつらぎのたかちなびめ》」との間に味師内宿禰《うましうちのすくね》をもうけたと伝えている。味師内宿禰は、山城国の内臣《うちのおみ》氏の祖とあるが、建内宿禰と兄弟になる。ここで重要なのは、尾張連氏の祖に葛城を冠する女性が伝えられ、尾張連氏と葛城の関係が伝えられていることである。

物部連氏系の古伝承を中心に平安時代前半に編纂された『先代旧事本紀《せんだいくじほんぎ》』の「天孫《てんそん》本紀《ほんぎ》」に、物部連氏と祖先が同じであると主張する尾張連氏が、葛城の女性と通婚を重ねたと記されていることにも留意される。

そこには、尾張連氏の直接の祖・瀛津世襲命《おきつよそのみこと》のまたの名が葛木津彦命《かつらぎのつひこのみこと》と記されている。そして、その前後の人物が、葛木出石姫《いづしひめ》・葛木土神剣根命《くにつかみつるぎねのみこと》の娘の賀奈良《かなら》知姫《ちひめ》・葛城尾治置姫《おわりおきひめ》・葛木避姫《さくひめ》らを妻に迎えたとある。

こうした系譜伝承の信憑性は高くはなく、人物の実在についても問題を含むが、尾張連氏の祖・葛木津彦命、葛城尾治置姫らの名は、あきらかに葛城や高尾張邑の伝承を強く意識したものである。尾張連氏が葛城との関係を主張していたことは確かであり、そうした主張を読み取ることは許されよう。

加えて、『日本三代実録』の貞観六（八六四）年八月に、尾張国海部郡〔愛知県名古屋市西部から津島《つしま》市あたり〕の豪族・甚目連《はためのむらじ》氏の一族が火明命《ほのあかりのみこと》の後裔という理由で、高尾張宿禰を与えられたとあるのも、尾張氏と葛城氏の関係を考えるうえで見過ごせない。尾張国海部郡を本貫とする甚目連氏は火明命の後裔、つまり尾張連氏と同祖を称していたのである。

本拠とした地域との関係から、彼らは尾張地域の海洋民を配下に有していたと見られるが、高尾張宿禰の賜姓は、尾張連氏一族の中に葛城・高尾張との関係を主張する豪族がいたことを示している。こうした主張の背景に、どのような歴史が存在したのか不明だが、元慶《がんぎょう》元（八七七）年十二月に、高尾張宿禰氏は本貫を尾張国から山城国に移し、畿内豪族となっている。

問題は、こうした尾張連氏と葛城の関係をどのように解釈するかである。これまで、尾張連氏を葛城地域出身と見る説と、葛城氏が衰退してから尾張連氏が葛城に進出したとする説があった。

甚目連氏にとって、葛城との関係の主張は、本貫を山城国に移すうえで有利に作用した可能性はあるものの、尾張連氏は九世紀初頭の『新撰姓氏録』段階で、すでに畿内に本貫を有しているから、葛城との関係を主張する利点は、尾張連氏には存在しない。

要するに、尾張連氏や甚目連氏らが葛城と関係があったという主張は、ある時期に葛城と何らかの関係を有したことにもとづくと推察される。すでに葛城氏が滅亡して久《ひさ》しいわけで、遠いかすかな記憶が系譜伝承として残されたのではなかろうか。おそらく、それは葛城氏が尾張連氏や甚目連氏ら東海地域の豪族とも連携していたことの痕跡ではなかったか。

葛城氏の目は、西方にのみ向いていたのではなく、東方にも配られていたのである。また、尾張連吾襲が玉田宿禰の元に派遣されたのは、葛城地域の情況を把握し得る立場にあったからといえよう。

そうだとするならば、允恭天皇による尾張連吾襲と小墾田采女を用いての葛城玉田宿禰の殺害は、葛城氏と尾張連氏ら東海地域の豪族との関係遮断を意図したものと位置づけられる。允恭天皇は即位後に、東海地域との関係も自らの手中に収めようとしたのである。事件の真相はここにあったのだ。

また、それまでは各氏族に分掌されていた王権の主要な権限を、天皇が直接に管掌しようとする動きでもあったと見られる。したがって、同様なことは、雄略天皇の世にも続いて起こるのである。

吉備《きび》氏との連携を断《た》たれる

前項で触れたように、葛城玉田宿禰の事件は、各氏族に分掌されていた王権の主要な権限を、天皇が直接に統轄しようとした動きでもあった。

それは、中国南朝・宋と交渉を重ねるなかで、倭国王・天皇を中心とする古代国家の組織化、権力機構を整備する過程での出来事と位置づけられる。したがって、同様なことは西の地域でも生起《せいき》するが、それはいわば歴史の必然でもあった。

古墳時代の吉備〔岡山県から広島県東部〕は、全国第四位の全長三六〇メートルの造山《つくりやま》古墳〔岡山市〕や同二八六メートルの作山《つくりやま》古墳〔岡山県総社市《そうじゃ》〕などの巨大古墳の築造からもわかるように、強大な勢力を誇っていた。その実態は、吉備広域の豪族である下道臣《しもつみちのおみ》・上道臣《かみつみちのおみ》・香屋臣《かやのおみ》・三野臣《みののおみ》・笠臣《かさのおみ》・苑臣《そののおみ》氏らが政治同盟を形成、形式的な同族関係を結んで吉備臣《きびのおみ》氏を称し、君臨していたのである。

『紀』雄略天皇七年八月条には、次のような出来事が記されている。

宮廷につかえる吉備弓削部虚空《きびのゆげべのおおぞら》が急用で故郷に帰ったところ、吉備下道臣前津屋《さきつや》に使役されて宮廷に戻ることができなかった。天皇は使者を派遣して召し戻したところ、弓削部虚空は「下道臣前津屋が、小女《こおんな》を天皇の人とし、大女《おおおんな》を自分の人として闘わせ、小女が勝つと刀を抜いて殺しました。また毛を抜き、翼を剪《き》った小さな雄鶏《おんどり》を天皇の鶏《とり》とし、鈴《すず》や金属の蹴爪《けづめ》を着けた大きな雄鶏を自分の鶏として闘わせ、小さな雄鶏が勝つと刀を抜いて殺しています」と、報告した。そこで天皇は物部の兵士三〇人を派遣し、下道臣前津屋と一族七〇人を殺害した。

女相撲や闘鶏《とうけい》の習俗も興味深いが、『紀』は右の記事に続いて、次の出来事も記している。同じ吉備氏に関する内容であることから、本来は一連の出来事であったと見られる。

雄略天皇は吉備上道臣田狭《たさ》の妻、稚媛《わかひめ》が類稀《たぐいまれ》な美女であると聞いて、自分のキサキにしたいと考えた。そこで上道臣田狭を任那国司《みまなのくにのみこともち》に任命し、朝鮮半島へ派遣した間隙《かんげき》を狙《ねら》い、彼の妻の稚媛を横取りした。ある所伝には、「田狭の妻は葛城襲津彦の子である玉田宿禰の娘の毛媛《けひめ》である」とある。

さらに、この後日譚《ごじつたん》として

吉備上道臣田狭と後に派遣された子の弟君《おときみ》は、稚媛を横取りされた恨《うら》みから新羅を攻撃しないなど、天皇の命《めい》に反する態度をとった。ところが、弟君の妻の樟媛《くすひめ》は、夫を殺し百済が献上した陶部《すえつくり》・鞍部《くらつくり》・錦部《にしこり》・画部《えかき》ら工人集団を引き連れて帰国した。彼らが新漢人《いまきのあやひと》である。

と伝える。新漢人とは、古くに渡来した漢人《あやひと》に対して、新しく渡来した漢人のことで、当然、彼らの保有する文化や技術は最新のものであった。

吉備上道臣田狭の事件は、単なる雄略天皇の好色譚ではなく、朝鮮半島問題に原因があったことはまちがいなかろう。新しい技術を保有する新漢人の渡来をめぐり、雄略天皇側と吉備上道臣氏の間に利害や方針のうえで対立があったものと考えられる。いわば、先進技術を持つ新漢人の奪い合いであるが、それにかかわって上道臣田狭の妻・稚媛、すなわち葛城襲津彦の子・玉田宿禰の娘である毛媛が雄略天皇に横取りされた、ということであろう。毛媛は元の名であり、稚媛は上道臣田狭の妻となった以降の名であろう。

注目されるのは、吉備上道臣氏と葛城玉田宿禰が姻戚関係を結んでいたことであり、これは瀬戸内の海運をおさえている吉備氏と葛城氏の連携を示すものでもある。対外交渉を主導する葛城氏には、吉備氏との連携は必須だった。さらに、雄略天皇が吉備上道臣田狭の妻を奪取したことは、葛城氏と吉備氏の連携を断絶しようとするもくろみを示している。

吉備下道臣前津屋と吉備上道臣田狭の事件で、吉備氏の中心的勢力を形成していた下道臣氏や上道臣氏が大きな打撃を被《こうむ》り、吉備氏権力が弱体化しただけでなく、彼らとの連携を断たれた葛城氏も、権力基盤が大きく揺らいだことはまちがいない。それとは反対に、雄略天皇の権力が強化されたことは確かである。

ちなみに、『紀』雄略天皇二十三年八月条には、「雄略天皇が亡くなったと聞いて、征新羅《せいしらぎ》将軍の吉備臣《きびのおみ》尾代《おしろ》配下の蝦夷《えみし》（東北地方出身者）の統率が乱れた。蝦夷と吉備臣尾代の間で戦いになり、尾代が制圧した」とある。吉備臣氏がここでも新羅遠征軍に任命されており、吉備氏の特色が現われている。

葛城氏系王族どうしの抗争

雄略天皇の没後は、葛城韓媛との間に生まれた清寧天皇が即位するが、『紀』清寧天皇即位前紀には、雄略天皇と吉備稚媛（毛媛）の間に生まれた星川《ほしかわ》皇子が皇位をうかがって事を起こしたと記されている。

母稚媛が「皇位を求めるなら、大蔵《おおくら》の官《つかさ》を取れ」といったことにしたがった星川皇子は、大蔵の官を占拠した。ところが、反対に大伴室屋大連《おおとものむろやのおおむらじ》が派遣した東漢掬直《やまとのあやのつかのあたい》の軍勢に取り囲まれた星川皇子は、吉備稚媛・異父兄の兄君《えきみ》・城《きの》丘前《おかざきの》来目《くめ》らとともに焼き殺された。吉備上道臣らは、星川皇子を援護しようと軍船四〇艘《そう》で出発したが、焼殺されたと聞いて引き返した。天皇はこの責任を問うて、上道臣氏らの山部《やまべ》を奪った。

「軍船四〇艘」という大規模な水軍の保有が事実か否《いな》か、確かめる術《すべ》はないが、海洋民を配下に有して、瀬戸内の海運を掌握していた吉備氏の特色を示すものである。吉備氏の権力は、星川皇子事件で瓦解《がかい》したと見られる。

ここで興味深いのは、清寧天皇と星川皇子は母系が等《ひと》しく、葛城氏系であることである。このふたりが皇位を争ったということは、後背勢力となる母系の集団がふたりの争いを調整できない状況にあったということでもある。この時点で、葛城氏と吉備氏の連携が破綻しており、おそらく葛城氏は滅んでいたと思われる。

なお、ここに見える城丘前来目は、『紀』雄略天皇九年三月条に、紀小弓宿禰《きのおゆみのすくね》の下で大伴談連《おおとものかたりのむらじ》とともに新羅と戦ったとある紀岡前来目連《きのおかざきのくめのむらじ》と同じ氏で、吉備氏は紀氏系来目氏とも連携関係があったことを示している。

葛城円大臣《かつらぎのつぶらのおおおみ》と眉輪王《まよわのみこ》の焼殺《しょうさつ》

葛城氏が、広範な地域の有力豪族と連携して権力を構築していた姿がおぼろげながら見えてきた。葛城氏はさらに、南九州の大豪族とも連携していたことが知られる。

それは、ヤマト王権の執政官である葛城円大臣が、河内国の日下〔大阪府東大阪市《ひがしおおさか》日下《くさか》〕に本拠を置いた天皇家の有力一族である「日下宮王家《くさかのみや》」とともに滅ぼされた事件を究明することであきらかとなる。

『紀』は安康天皇元年二月から雄略天皇の即位前にかけて、次のような出来事があったと記している（以下、163ページの図表8を参照）。

允恭天皇の後を継《つ》いだ子の安康《あんこう》天皇は、弟の大泊瀬《おおはつせ》皇子（後の雄略天皇）の妻に大草香《おおくさか》皇子の妹草香幡梭《くさかのはたび》皇女（若日下《わかくさか》王）を迎えようと、坂本臣氏の祖根使主《ねのおみ》を遣《つか》わした。大草香皇子が承諾のしるしに贈った高価な押木珠縵《おしきのたまかづら》（冠《かんむり》）に心を奪われた根使主は、大草香皇子が拒否したと虚偽の報告をした。それを信じた安康天皇は怒って兵を発し、大草香皇子の家を取り囲んで殺害した。天皇は大草香皇子の妻の中蒂姫《なかしひめ》皇女を奪って皇后に立て、草香幡梭皇女を大泊瀬皇子の妻にした。山宮《やまのみや》の高殿《たかどの》で酒宴に興《きょう》じていた安康天皇と中蒂姫皇女の会話から、真相を漏《も》れ聞いた大草香皇子の遺子眉輪王《まよわのみこ》は、皇后の膝枕《ひざまくら》で午睡《ごすい》中の安康天皇を襲って殺害した。

それを知った大泊瀬皇子は、兄の八釣白彦《やつりのしろひこ》皇子に事の真相を詰問するが、返答しなかったので殺害した。同じく兄の坂合黒彦《さかいのくろひこ》皇子も詰問に返答せず、眉輪王は「私は皇位を求めてはいない。父の仇《かたき》を討《う》っただけだ」と語った。身の危険を察《さっ》した坂合黒彦皇子と眉輪王は、葛城円大臣宅に逃げ込んだ。彼らの引き渡しを求めた大泊瀬皇子に、円大臣は贖罪《しょくざい》として娘韓媛《からひめ》と葛城宅七区《かつらぎのいえななところ》（『記』は「所謂《いわゆる》五処之屯宅者《いつところのみやけは》、今葛城之五村苑人也《いまのかつらぎのいつむらのそのひとなり》」）を差し出したが、大泊瀬皇子は許さず火を放って円大臣・坂合黒彦皇子・眉輪王を焼殺した。

このように葛城円大臣と眉輪王は、雄略天皇に焼き殺されたと伝えられるが、事の真相はどこにあったのだろうか。

日下宮王家《くさかのみや》の滅亡

葛城円大臣・眉輪王の焼殺は、雄略天皇にしてみれば、それによって葛城韓媛と草香幡梭皇女をキサキにし、さらに即位も可能になったと受け取ることもできる。

ただし、葛城氏と眉輪王は系譜関係がないことをはじめ、具体的な結びつきがいっさい見られないことから、右記の事件は創作・捏造《ねつぞう》されたもので、事実ではないとする考えも説かれている。

しかしながら、葛城円大臣・眉輪王の事件が創作された虚構であるならば、どうしてこのように複雑な構成になっているのか不思議である。虚構の物語を意図的に創作・捏造するのなら、もっと単純な内容で明解な構成にしたほうが、意図するところをより確実に示すことができるはずである。

つまるところ、創作・虚構説が提示されるほど、この葛城円大臣・眉輪王事件の真相理解が困難視されているということである。ただし、その真相解明の糸口が存在しないわけではなく、それは複雑に見える天皇と九州・日向《ひゅうが》出身の女性との婚姻《こんいん》関係にある。

やや煩雑《はんざつ》な内容になるが、事件関係者の系譜を『記』・『紀』の所伝を総合して整理することから始めよう。

応神天皇は、日向泉長比売《ひむかのいずみながひめ》をキサキとして草香幡梭皇女《くさかのはたび》（幡日之若郎女《はたびのわかいらつめ》）。大草香皇子の妹とは同名の別人）をもうけた。仁徳天皇は日向髪長媛《ひむかのかみながひめ》との間に、大草香皇子（大日下王）と草香幡梭皇女（若日下王）をもうけた。履中天皇は日向泉長比売の産んだ草香幡梭皇女（幡日之若郎女）を皇后として、中蒂姫皇女《なかしひめ》をもうけた。大草香皇子は中蒂姫皇女をキサキとして、眉輪王をもうけた。安康天皇は大草香皇子から中蒂姫皇女を奪って皇后とし、彼の妹の草香幡梭皇女（若日下王）を雄略天皇に与え、雄略天皇は彼女を皇后に立てた。

この所伝や系図（図表8）で注目されるのは、女系がすべて日向《ひむか》と日下《くさか》に収斂《しゅうれん》することである。

『紀』はクサカを「草香」と表記するので目立たないが、『記』の表記「日下」が現在でも用いられている本来的な表記である。これにしたがって表記を改めるならば、草香幡梭皇女（幡日之若郎女）は日下幡梭皇女であり、大草香皇子は大日下皇子、その妹草香幡梭皇女も日下幡梭皇女（若日下王）となる。彼女たちは、河内の日下に縁りの女性である。したがって、中蒂姫皇女の母、眉輪王の父と祖母は、ともに日下縁りの人物となる。

すなわち、眉輪王事件に関連して登場する、草香幡梭皇女（幡日之若郎女）・中蒂姫皇女・大草香皇子（大日下王）・草香幡梭皇女（若日下王）・眉輪王らは、河内日下を拠地とした、「日下宮《くさかのみや》」王家とも称すべき天皇家の一族であった。

日下宮のことは、後の史料であるが、弘仁四（八一三）年に宮廷で行なった『日本書紀』についての講義の際の多人長《おおのひとなが》の記録「弘仁私記《こうにんしき》」と思われる『日本書紀私記《にほんしょきしき》甲本《こうほん》』安康天皇段に見える。

つまり、眉輪王事件は日下宮王家滅亡にかかわる出来事であったと考えられる。

九州地域との連携を断たれる

では、日下宮王家とは、具体的にどのような天皇家一族だったのか。父系は応神天皇や仁徳天皇であるが、注目されるのは母系である。

履中天皇のキサキである草香幡梭皇女の母は、日向泉長比売《ひむかのいずみながひめ》という南九州の日向出身の女性であった。律令制以前の日向は、現在の宮崎県に鹿児島県を含む広い地域

図表8　日下宮《くさかのみや》王家の略系図

※数字は歴代天皇

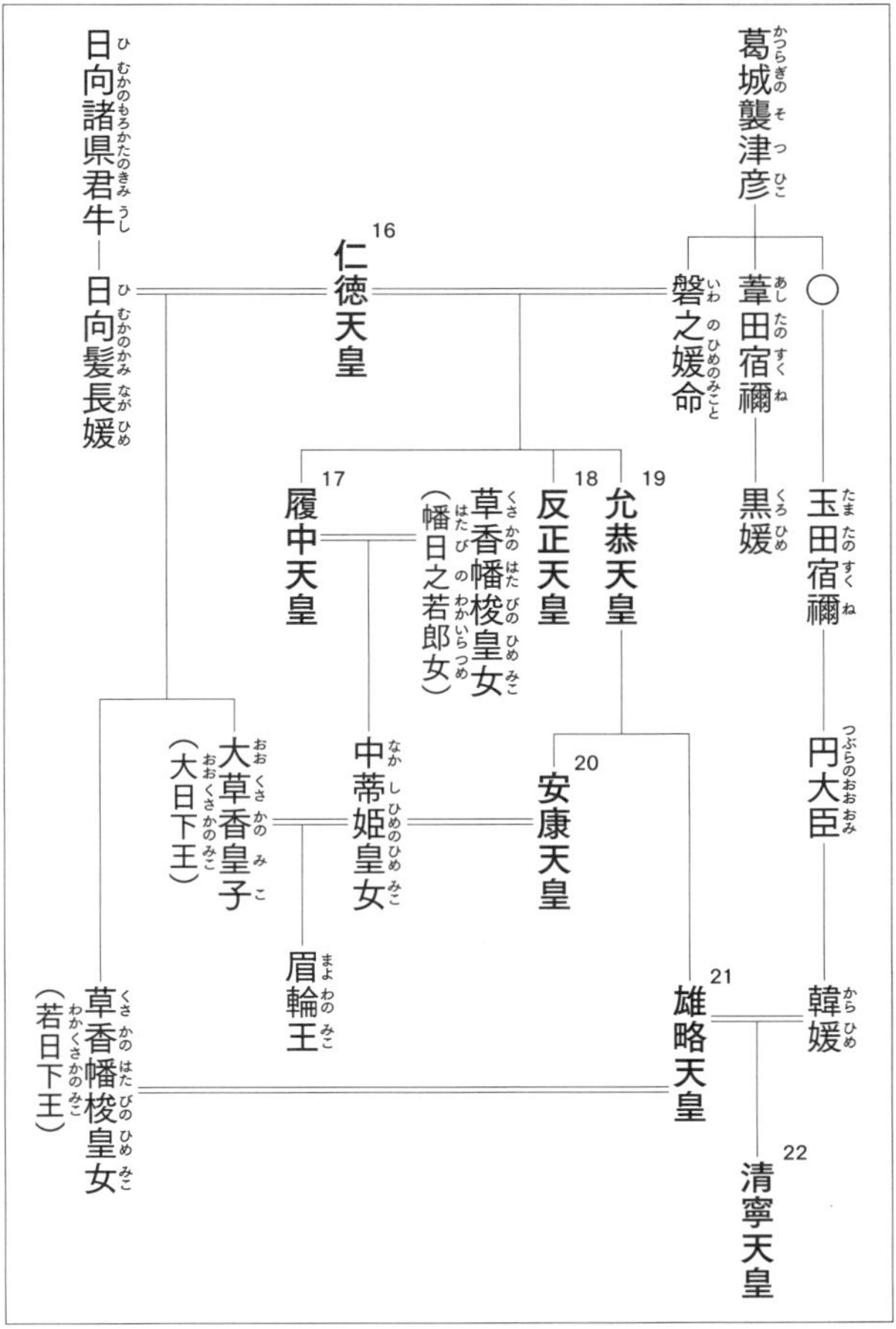
葛城襲津彦《かつらぎのそつひこ》
16
仁徳天皇
磐之媛命《いわのひめのみこと》
葦田宿禰《あしたのすくね》
○
日向諸県君牛《ひむかのもろかたのきみうし》
日向髪長媛《ひむかのかみながひめ》
17
履中天皇
草香幡梭皇女《くさかのはたびのひめみこ》
（幡日之若郎女《はたびのわかいらつめ》）
18
反正天皇
19
允恭天皇
黒媛《くろひめ》
玉田宿禰《たまたのすくね》
円大臣《つぶらのおおおみ》
大草香皇子《おおくさかのみこ》
（大日下王《おおくさかのみこ》）
中蒂姫皇女《なかしひめのひめみこ》
20
安康天皇
眉輪王《まよわのみこ》
21
雄略天皇
韓媛《からひめ》
草香幡梭皇女《くさかのはたびのひめみこ》
（若日下王《わかくさかのみこ》）
22
清寧天皇

であり、後の薩摩《さつま》国に出水《いずみ》郡〔鹿児島県出水《いずみ》市・阿久根《あくね》市〕があったから、その地に縁りの女性とも見られている。

大草香皇子（大日下王）と草香幡梭皇女（若日下王）の母は、日向髪長媛であり、彼女も日向出身である。特に諸県君氏という出身豪族名も伝えられることは貴重である。

日向諸県君氏は、その氏名から旧諸県地域、現在の宮崎県宮崎市・東諸県《ひがしもろかた》郡・西諸県郡・小林市・えびの市・北諸県郡・都城《みやこのじょう》市、さらに鹿児島県曾於《そお》郡志布志《しぶし》町・松山《まつやま》町・有明《ありあけ》町・大隅《おおすみ》町・財部《たからべ》町・末吉《すえよし》町と、大隅隼人《おおすみはやと》の拠地をも含む広大な地域を支配する、南九州の大豪族であったと見られる。

九州最大の規模を有する男狭穂塚《おさほづか》古墳（全長二一九メートル）・女狭穂塚《めさほづか》古墳（同一七四メートル）を含む三〇〇基以上が集まる西都原《さいとばる》古墳群〔宮崎県西都《さいと》市〕や前期古墳を含む生目《いくめ》古墳群は、諸県君氏を中心とする集団の奥津城《おくつき》と見られ、彼らの勢力の大きさが知られる。

隼人集団を配下に持つ日向諸県君氏は、河内の日下に進出し、応神天皇や仁徳天皇に女性を入れて政治的な連携関係を結んでいたのである。もちろん、日下で生まれた皇子・皇女の養育と日下宮の経営は、日向諸県君氏らが担っていた。日向諸県君氏とヤマト王権の関係が深く強いものであったことは、『続日本紀』の天平三（七三一）年七月条から、宮廷の儀礼で、諸県君氏の八人で編成された諸県舞《もろがたのまい》が舞われていたことからも知られる。

その日下宮を拠所《よりどころ》とした眉輪王が、危機に際して葛城円大臣を頼ったことは、何を意味しているのだろうか。おそらく、葛城氏政権と日向諸県君氏らの間に、親密な関係が結ばれていたのではないか。そのことは、日向国児湯《こゆ》郡に平群郷《へぐり》〔宮崎県西都市平郡〕が見えることからも想定される。

これは、建内宿禰後裔系譜に連《つら》なり葛城氏政権の一翼《いちよく》を担った、大和国平群郡〔奈良県生駒郡平群町・斑鳩町のあたり〕を本貫とする平群臣氏に縁りの地名と見られる。つまり、諸県君氏が河内日下に進出していただけでなく、葛城氏に近しい平群臣氏が日向に進出していたのである。

葛城氏が、大和川・河内湖・難波津・難波堀江系の水運を掌握していたことは先に述べたが、河内湖東岸に位置し、日下津もあった日下一帯を基盤とする日下宮王家とも関係を結んでいたと見られる。

日下宮王家を介して、葛城氏を中心とする権力機構と日向諸県君氏の間に連携が成立したのであろう。こうした地縁的・歴史的な背景があったために、日下宮の眉輪王は、最後の砦《とりで》として葛城円大臣を頼ったのだろうが、雄略天皇に焼殺されて生涯を閉じたことは先に述べた。

いつの時代も、権力闘争の原因は複合的で、単純に割り切れないが、大草香皇子から眉輪王に至る事件を王統系譜にかぎっていえば、母系において日向諸県君系である日下宮王家と葛城氏の連合、それに対する非日下宮王家・非葛城氏連合の抗争ととらえることもできる。眉輪王は日下宮王家最後の王であり、これで日下宮王家は断絶したのである。

ただし、葛城氏がヤマト王権で担っていた職掌《しょくしょう》を思うならば、葛城円大臣と眉輪王の殺害は、雄略天皇政権による王権機構の整備、対外交渉権一元化の動きの中で葛城氏と日向諸県君氏との連携が断たれたということでもある。雄略天皇の真の意図はそこにあったと思われる。

このように、葛城円大臣と眉輪王が殺害され、葛城氏と南九州・日向諸県君氏の連携も遮断《しゃだん》されて、葛城氏の権力機構は崩壊し、ほどなく葛城氏そのものが衰亡していったものと思われる。葛城円大臣は、葛城氏最後の大臣《おおおみ》であった。

紀氏との連携を断たれる

日下宮王家が滅ぼされたことは、『新撰姓氏録』河内国皇別の大戸《おおとの》首《おびと》条の記述からも読み取れる。

そこには、六世紀前葉の安閑天皇の時に「河内国日下大戸村に御宅《みやけ》」を立て、そこに仕奉《しぶ》したとある。これは、日下宮王家の滅亡によって、その基盤地域が接収され、ヤマト王権の直轄地である屯倉《みやけ》が置かれて、大戸首氏がその管理者に任じられたことを伝えたものである。

日下宮王家とともに葛城氏も滅ぼされたが、事件の発端に坂本臣氏の祖・根使主《ねのおみ》（根臣）が登場することには、どのような意味があるのだろうか。

根使主の役割は『記』でも同様だが、『紀』は雄略天皇十四年四月条で、その後日譚を記載している。本来、両者は前後ひと続きの物語として伝えられていたものと思われるが、その概要を次に記そう。

呉（中国南朝）の使節をもてなす宴会の責任者に、根使主を任命した。根使主は立派な玉縵《たまかづら》を着けて出席したが、大草香皇子から詐取《さしゅ》したものであることが判明した。根使主は逃げ出して、和泉の日根《ひね》〔大阪府泉佐野市日根野《いずみさのひねの》〕に稲城《いなき》を構えて戦ったが、追手《おって》に殺された。根使主の子孫の半《なか》ばは、大草香部として草香幡梭皇女のものとし、他は和泉南部の豪族茅渟県主《ちぬのあがたぬし》氏に与えて負嚢者《ふくろかつぎびと》とした。根使主の後裔が坂本臣《さかもとのおみ》氏となったのは、これより始まる。

この話は、坂本臣氏にとって不名誉な内容であるが、坂本臣氏起源の話にもなっている。坂本臣氏は、和泉国和泉郡坂本郷〔大阪府和泉《いずみ》市阪本《さかもと》町〕を本貫とし、建内宿禰後裔系譜では木《きの》（紀）角《つぬ》宿禰の後裔、『新撰姓氏録』左京皇別上・摂津国皇別・和泉国皇別の各条でも紀朝臣《きのあそん》氏と同祖とする、紀氏の同族である。

『紀』では六世紀前半、欽明天皇の頃から、対外関係などで活躍が散見される。ヤマト王権の意思決定会議に出席する大夫《まえつぎみ》を出すことができる有力氏族であり、渡来系の金属工人集団も配下に擁《よう》していた。根使主が中国南朝の使節を接待する責任者に任じられたのも、坂本臣氏の職掌を示すものである。

葛城氏が紀氏と姻戚関係を結ぶほど親密であったこと、坂本臣氏が紀氏と同祖・同族を称していたことなどから見て、事件における根使主の行動は、紀氏が一翼を担っていた葛城氏政権の分裂を物語っていると解される。

事件後に根使主は殺され、一族は大草香部や負嚢者に身分を落とされたにもかかわらず、坂本臣氏が滅ぼされたわけではなく、これが起源であると伝えられている。このことは、事件における根使主の行動は単独のものではなく、葛城氏と日下宮王家に対抗する勢力からの誘引《ゆういん》があったことを示唆している。

つまり、根使主の行動が一連の事件の契機となっているが、そこには安康・雄略天皇側らによる、葛城氏と紀氏の緊密な連携関係を分裂・分断しようとする企図を読み取ることができる。

葛城円大臣と日下宮王家が滅亡に至る事件には、日向諸県君氏だけでなく紀氏との結合をも分断しようという、天皇側の企図が存在したのである。

葛城氏滅亡の本当の理由

葛城玉田宿禰の事件は、天皇の側が葛城氏と尾張氏の関係を遮断、東海地域との結びつきを断絶する、という意図の元に引き起こされた。

吉備上道臣田狭の事件は、朝鮮半島諸国との交渉権の掌握をめぐり、葛城氏と瀬戸内の海運を掌握する吉備氏との連携を断絶するという、天皇側の計略から生まれたものであった。加えて、皇位をうかがう吉備氏系皇子らの殺害も企図されていた。

さらに、大草香皇子の殺害に始まり、葛城円大臣と眉輪王の焼殺で終わる一連の出来事には、葛城氏と日向諸県君氏との連携遮断、日向諸県君氏系の日下宮王家の断絶、葛城氏と紀氏との結合分断など、天皇側の複合した目的を読み取ることができた。これにより葛城氏は、河内湖東岸の要港である日下津、および対外交渉には不可欠な九州の豪族との関係も断たれた。

尾張氏・吉備氏・紀氏・日向諸県君氏らは、いずれも配下に海洋民を擁する海運に長《た》けた有力豪族であった。葛城氏がヤマト王権の対外交渉を行なう際に不可欠の勢力だったが、そうした豪族との連携を断たれた葛城氏には、もはやその権力体制を維持することは困難であり、一挙に崩壊したと思われる。

四七五年に、ヤマト王権と連携関係にあった朝鮮半島南西部の古代国家・百済が南下策を採る高句麗に攻撃され、国王・蓋鹵王《がいろおう》は殺され、都の漢城《かんじょう》も陥落した（図表9）。

図表9　5世紀の朝鮮半島

※ソウルと（　）内は現在の都市

『紀』は、これを四七六年にあたる雄略天皇二十年条に記し、翌年に天皇が汶洲《もんす》王に久麻那利《こむなり》（熊津《ゆうしん》）を与えて、百済国を復興したとある。

いずれにしても、百済の一時的滅亡と遷都は、ヤマト王権にとっては大きな打撃であった。

『宋書』倭国伝には、四七八年に倭国王の武《ぶ》（雄略天皇）が長大な上表文《じょうひょうぶん》を認《したた》めて、遣使朝貢してきたと記録している。その上表文には、父祖の功績や高句麗の妨害により百済経由の遣使が困難であることなどを記しているが、これを最後にして倭国の中国南朝への遣使は途絶えてしまう。

日中交渉の再開は推古天皇八（六〇〇）年の遣隋使であるから、実に一二〇年以上も日中の国家間交渉は中断する。これらのことから考えて、雄略天皇の時に対外交渉の基本方針に大きな転換があったに違いない。

くしくもそれは、ヤマト王権の対外交渉を主導した葛城氏滅亡の直後のことである。高句麗南進《なんしん》による百済の一時的滅亡も含め、葛城氏の滅亡がヤマト王権の対外交渉の基本方針や、その権限の一元化をめぐる動きの中での出来事であったとの考えが、あながち的外《まとはず》れでないことを示している。

第六章　葛城氏滅亡後のヤマト王権

葛城氏の滅亡と雄略天皇

前章で述べたように、ヤマト王権の権力機構の整備、対外交渉の一元化、その直接的統轄をめぐる動きの中で、葛城氏は五世紀後半から末にかけて、雄略天皇の時には滅亡し、葛城氏に収斂した権力機構も崩壊したと考えられる。

それでは、雄略天皇は専制的な王権を確立することができたのであろうか。

五世紀後半の雄略朝は、『万葉集』巻一の巻頭歌が雄略天皇の御製《ぎよせい》であること、薬《やく》師寺《しじ》の僧・景戒《きようかい》が平安時代初頭に撰述したわが国最古の仏教説話集『日本霊異記《にほんりよういき》』上巻の最初が雄略朝の物語であることなどから、後世まで時代の画期《かつき》と意識されていた。

それを受けて、以下の三点、①雄略天皇が多くの競争相手を実力で倒して即位したと伝えられること、②雄略天皇に比定される倭王武が中国南朝・宋に四七八年に提出した上表文に、「東の毛人《えみし》五十五国、西の衆夷《しゆうい》六十六国、海北《かいほく》の九十五国」を征圧し、武力で領域を拡大したとあること、③稲荷山古墳出土の鉄剣や江田船山《えたふなやま》古墳〔熊本県玉名《たまな》郡和水《なごみ》町〕出土の大刀《たち》に、雄略天皇の名「獲加多支鹵《わかたける》大王」とともに「杖刀《じようとう》人《じん》」・「典曹人《てんそうじん》」と未熟ながら文官・武官の官制整備を示す銘文が刻まれていること、などから雄略朝をヤマト王権が専制化した画期と見る説が有力となった。

雄略朝に、ヤマト王権の官制が整備され、対外交渉も一元化されて天皇に直接統轄されたことは、葛城氏の滅亡の背景としてもあきらかになった点であり、同意できる。しかし、雄略天皇の没後に生起する政治的混乱は、雄略天皇の時にヤマト王権の専制化が完成したとする評価に再考が必要なことを物語っている。

具体的には、第二十二代清寧天皇から第二十五代武烈天皇までの、実年にして四半世紀ほどの間、ヤマト王権内部は大きな混乱に陥る。中国と直接交渉ができる力を喪失したと思われる。雄略朝は時代の転換点ではあるが、新しい時代の出発点を想起することはできないという異論も出されている。

ここでは、忍海評《おしぬみのこおり》・葛木御県《かつらぎのみあがた》をキーワードに、この混乱期の実態解明を進め、葛城氏滅亡後の葛城の情況から、かつての葛城氏の姿を追ってみよう。

明治三十年まで変わらなかった領域・忍海《おしぬみ》

大宝律令制下の地方行政組織「郡《ぐん》」の前身「評《こおり》」は、地域を管轄する役職として地方豪族が任命された国造《くにのみやつこ》の管轄領域・クニを継承ないしは分割し、大化改新を進めた孝徳朝以降に順次設置されたと見られている。

評設置の細かな議論に分け入る準備はないが、国造のクニだけでなく、天皇家やヤマト王権の直接的な管轄下にあった県《あがた》や屯倉《みやけ》にも評が設置された。大宝律令施行後、評は郡と表記されるが、評から郡にそのまま移行したものもあれば、再編成されて消滅したものもある。

「県《あがた》」は、大化以前に設置された天皇家の直轄的所領のことで、地域の有力者が県《あがた》主《ぬし》に任命されて管理を行なった。

特に、ヤマト王権が直接的な地域基盤とした奈良盆地には、宮廷へ献上する食材を生産した「倭国《やまと》の六《むつ》の御県《みあがた》」が置かれていた。それは高市《たけち》・葛木・十市《とおち》・志貴《しき》・山《やま》辺《のべ》・曾布《そう》の六つであり、領域に移動はあるが、後には評・郡に継承された。

また、「御県《みあがた》」には、それぞれ高市御県神社《たけちのみあがた》（高市郡）・葛木御県神社（葛下郡）・

十市御《とおちのみ》県《あがた》坐《にいます》神社（十市郡）・志貴御《しきのみ》県《あがた》坐《にいます》神社（城上《しきかみ》郡）・山辺御《やまのべのみ》県《あがた》坐《にいます》神社（山辺郡）・添御《そうのみ》県《あがた》坐《にいます》神社（添下《そえしも》郡）が祭られていた。「倭国の六の御県」の中で、葛木御県が葛木上郡・葛木下郡に移行したと単純にはいえない、やや錯綜《さくそう》した歴史地理的な情況にある。それは、忍海評（郡）の問題である。

忍海は、先に触れたように、葛城襲津彦が新羅から連れ帰った漢人《あやひと》の祖を住まわせた四邑《よつむら》のひとつである。その忍海は、南北を合わせた広域葛城のほぼ中央に位置し、その領域は令制下の葛木上郡（葛上郡）と葛木下郡（葛下郡）の間、東西約七キロメートル・南北約二キロメートルという南北に狭小《きょうしょう》で東西に細長い帯状領域であり、明治三十（一八九七）年に葛上郡と合わせて南葛城《みなみかつらぎ》郡とされるまで、ほぼ変わることがなかった。

狭隘《きょうあい》な領域でありながら、忍海郡が七世紀代から十九世紀末まで独自領域として存続したことは、この地に特異な歴史的背景が存在したからに違いない。

これは、同地を本拠とした忍海氏の特異性、飯豊皇女・顕宗天皇・仁賢天皇ら葛城氏系王族との関係、葛城氏の権益継承を追求した蘇我氏が推古天皇三十二（六二四）年に割譲を要求した葛城県にもおよぶ問題である。

ここでは、忍海評と葛木御県の問題を通して、葛城氏滅亡後の葛城地域の歴史情況をあきらかにする。そのことによって、葛城氏が古代史上に占《し》めた位置や重要性が、さらに明瞭になるだろう。

二〇〇三年に出土した「忍海評《おしぬみのこおり》」木簡《もつかん》

紙がなかった時代、中国では竹や木の札に墨書《ぼくしょ》した。それを簡《かん》・牘《とく》といい、荷札は紐《ひも》で荷物に結いつけ、書物も紐を通して束《たば》ねた。現在でも書物を開いて読むことを「繙《ひもと》く」といい、書物を数える単位に「冊《さつ》」を用いているのは、その名残《なごり》である。

わが国で広く文字が用いられるようになるのは、すでに紙が普及していた時代だが、いまだそれが貴重であったため、荷札や短い連絡文書には木札《きふだ》に墨書して用いていた。いわゆる木簡である。木簡の出土は、古代史の研究を大きく進展させた。

持統《じとう》天皇八（六九四）年、都は飛鳥浄御原宮《あすかきよみはらのみや》〔奈良県高市郡明日香村〕から藤原宮《ふじわらのみや》

〔奈良県橿原市〕に遷された。

平成十五（二〇〇三）年、奈良県橿原市で、藤原宮の内裏《だいり》正殿である朝堂院《ちょうどういん》の回《かい》廊《ろう》東南隅部の発掘調査が行なわれた。その際、朝堂院東外側を北流する南北溝から、五〇〇〇点以上の木簡が出土した。大多数が木簡再利用の際の削《けず》り屑《くず》で、削り屑でないのは二六六点にすぎなかった。その中に、次の「忍海評」木簡があった。

□　□
□『山下首得麻呂　忍海評』□□
□置始連安末呂
□
（※□は判読不能な部分。『』内は異筆）

なお、同時に出土した、「□葛木下郡山マ里□田□」・「□□《葛？》木下郡」とある二点も留意される。

木簡に残る年紀には、戊寅《つちのえとら》（天武天皇七・六八七）年・癸卯《みずのとう》（天武天皇八）年・大宝元（七〇一）年・大宝二年・大宝三年がある。

忍海評木簡の他に「評」が一点、大宝令以前の表記である「五十戸《さと》」と見られる一点もあるが鮮明ではない。地名の大部分は郡・里の表記で、八世紀初頭の大宝年間のものがほとんどである。

品物を保存したことによって廃棄が遅れた天武朝の荷札木簡も若干《じゃっかん》含まれる。それは忍海評木簡をはじめ、多くは地方から徴発された衛士《えじ》（兵士）や仕丁《しちょう》（労働者）の名前と地名を列記したものである。

忍海評木簡は、あきらかに大宝令以前のものであるが、同じ遺構から同時に出土した木簡との関係から、七世紀末頃と見られる。

すなわち、大宝律令施行以前に、忍海地域に忍海評が設置されていたこと、そのことで広域の葛城を南北に二分する情況になっていたことが判明したのである。七世紀後半に忍海評を設置したことには、この地域の特別な歴史的事情が存在したのではないかと考えられる。

葛城地域を二分した、忍海評の設置

忍海評の位置・領域は、古代の葛城地域を、南部の葛上郡と北部の葛下郡に南北二分するほぼ中間に、東西に細長く位置する。忍海評木簡の出土は、律令制下の葛上郡と葛下郡に継承される葛木上評と葛木下評も設置されていたことを示唆《しさ》しているのである。同時に出土した、「葛木下郡」木簡も参考になる。

忍海評と忍海郡の領域に大きな移動はないと見られるが、『倭名類聚抄』には忍海郡に津積《つつみ》・園人《そのひと》・中村《なかむら》・栗栖《くりす》の四郷があったと見える。その郡域は、大和国内に分布する興福寺《こうふくじ》の荘園関係の記録である延久《えんきゅう》二（一〇七〇）年の『興福寺大和国雑役免《こうふくじやまとのくにぞうやくめん》坪付帳《つぼづけちょう》』から、東西約七キロメートル、南北約二キロメートルという南北に狭小で東西に細長い帯状領域であったと復原できる。

明治三十（一八九七）年に、葛上郡と合わせて南葛城郡となる忍海郡域は、律令制下の忍海郡をほぼ継承しており、それは忍海評までさかのぼると考えられる。天保《てんぽう》五（一八三四）年の「天保郷帳《てんぽうごうちょう》」によると、忍海郡には柳原《やなぎはら》・今城《いまんじょう》・出屋敷《でやしき》など一九カ村があった。

大化改新《たいかのかいしん》の詔《みことのり》では「大郡《たいぐん》四十里・中《ちゅう》郡四里以上三十里以下・小《しょう》郡三里」とあり、養老令で戸《こ》の編成や戸籍の作成について定めた戸令《こりょう》では「大郡十六里以上二十里以下・上郡十二里以上・中郡八里以上・下郡四里以上・小郡二里以上」とある。郷数四は、令制では下郡となる小規模な存在であり、そもそも忍海の地はひとつの郡（評）を設定することがふさわしい地形的・地域的まとまりを有する地域ではない。

問題は、明治の地方行政区画再編時のように、忍海地域を葛木上評、もしくは葛木下評に併《あわ》せてよいものを、東西約七キロメートル、南北約二キロメートルという南北に狭小で東西に細長い帯状領域の忍海評が、しかも広域葛城の地域を二分するように設置されたことの理由である。

そこには何らかの政治的意図と歴史的必然性、すなわち評の設置および忍海という地域に特有の歴史的条件が存在したと思われる。

忍海評の設置は葛城氏滅亡後だが、それは葛城氏と葛城地域、五世紀後半以降のヤマト王権混乱期の歴史的評価、中大兄皇子《なかのおおえ》（後の天智天皇）と中臣鎌足《なかとみのかまたり》が蘇我入鹿を殺害した乙巳《いっし》の変《へん》（六四五年）以前の蘇我氏関係史の見直しにもつながる、古代史上の大きな問題を含んでいる。

忍海評設置の謎と飽波宮《あくなみのみや》

忍海評設置の歴史的背景について考察するうえで参考になるのが、同様な小規模な評で、大宝令制下には平群郡に併合される「飽波評」の情況である。

飽波評に関するこれまでの研究によれば、それは東大寺正倉院《とうだいじしょうそういん》が所蔵する法隆寺《ほうりゅうじ》系遺品の幡《ばん》（仏具）の残片や法隆寺の平絹幡《ひらぎぬばん》の墨書から、天武天皇十（六八一）年には大和国に飽波評の実在したことが検証できる。

飽波評は、飽波地域〔奈良県大和郡山《やまとこおりやま》市池沢《いけざわ》町・今国府《いまこう》町・椎木《しぎ》町・生駒郡安堵《あんど》町〕と額田《ぬかた》地域〔大和郡山市額田部《ぬかたべ》〕を領域としたが、評域があまりに狭隘であったために、大宝令制下の改編で平群郡に併合され、飽波郷と額田郷になった。

平城京《へいじょうきょう》の大安寺《だいあんじ》の縁起《えんぎ》（歴史）と財産を記録して、天平十九（七四七）年に朝廷へ提出した『大安寺伽藍縁起《だいあんじがらんえんぎ》幷流記資財帳《ならびにるきしざいちょう》』の中に、推古天皇が田村皇子（後の舒明天皇）を派遣して、病気の厩戸皇子《うまやとのみこ》（聖徳太子《しょうとくたいし》）を「飽波葦墻宮《あくなみあしがきのみや》」に見舞ったと記されている。

『続日本紀』には、神護景雲元（七六七）年四月に、称徳《しょうとく》天皇が飽波宮に行幸して法隆寺の奴婢《ぬひ》二七人に爵《しやく》を与え、同三年十月の河内行幸の際にも飽波宮に一泊したとある。

飽波評は、七世紀前半に天皇家が飽波に造営した飽波宮とその地域基盤を中心とする地域的まとまりを編成したものである。すなわち、天皇家の財産である飽波宮とそれを支える地域に、飽波評が建てられたのであり、その後も、中心的施設は八世紀半ばの称徳天皇の時まで維持・経営されていた。

これは、律令制下に平群郡に編成されながら、飽波には上宮王家《じようぐう》（聖徳太子一族）が基盤とした斑鳩《いかるが》地域〔奈良県生駒郡斑鳩町〕とは異なる歴史的条件が存在したことを物語る。飽波宮は、上宮王家が造営した斑鳩宮とは起源と歴史的性格を異《こと》にしていたと見られる。

天皇家の飽波宮とその基盤地域に、きわめて狭小な飽波評が設置されたのであり、その地域に対する朝廷の特別扱いを読み取れるが、忍海評設置の歴史的背景を考察するうえで、おおいに参考になる。

忍海評設置の歴史的背景について述べる前に、忍海地域にかかわる五世紀後半以降のヤマト王権の動向を略記しておこう。

天皇家の姻族の交替

葛城氏権力の基盤がヤマト王権の対外交渉の主導にあり、その滅亡が雄略朝における官制の整備と対外交渉の一元化につながる出来事であったことは、これまで述べてきたところである。これによって、雄略天皇・ヤマト王権の国内的権力は強化されただろうが、雄略天皇没後の政治的な混乱情況を見れば、それは一時的なことで、王権の基盤がなお脆弱《ぜいじゃく》だったことを示している。

雄略天皇没後の情況について、やや煩雑であるが、前後を見通して具体的に『記』・『紀』から素描《そびょう》してみよう。

雄略天皇の後を継いだ清寧天皇（母は葛城韓媛）には、キサキや子がなく、ヤマト王権は天皇位断絶の危機に陥った。その後、履中天皇と葛城襲津彦の子・葦田宿禰の娘・黒媛《くろひめ》との間に生まれた飯豊《いいどよ》皇女が、葛城の忍海高木角刺宮《おしぬみのたかぎのつのさしのみや》で、一時的にヤマト王権の政務を執行した。

さらに、安康天皇の後継と目されていた市辺押磐皇子が、近江国蒲生《がもう》郡での狩猟に託《かこつ》けて、即位前の雄略天皇に殺害され、子の億計《おけ》（嶋郎《しまのいらつこ》・意祁《おけ》）・弘計《おけ》（来目稚子《くめのわくご》・袁祁《おけ》）王兄弟が難を避けて逃亡した。播磨《はりま》国に派遣された山部連《やまべのむらじ》氏の先祖である伊《い》予来目部小楯《よのくめべのおだて》は、赤石《あかし》郡の縮見屯倉首《しじみのみやけのおびと》忍海部造《おしぬみべのみやつこ》細目《ほそめ》の元で逃亡中の二王を見出した。二王は、大和に迎えられて、第二十三代顕宗（弘計）天皇、第二十四代仁賢（億計）天皇として即位した。

市辺押磐皇子は、葛城黒媛を母としているだけでなく、葛城葦田宿禰の子である蟻臣《ありのおみ》の娘・荑媛《はえひめ》をキサキとして、顕宗・仁賢天皇らをもうけたことは先に記した。つまり、顕宗・仁賢天皇の弟兄は、父方の祖母・母ともに葛城氏の女性であり、この弟兄は母系では葛城氏系の天皇と位置づけられるのである。

なお、先に即位したのは弟・顕宗天皇だが、允恭天皇の曾孫・難波小野《なにわのおの》王をキサキとしたものの、子はいなかったという。

また、兄・仁賢天皇は、雄略天皇の娘・春日大娘《かすがのおおいらつめ》皇女（母は和珥臣深目《わにのおみふかめ》の娘・童女君《おみなぎみ》）を皇后として、小泊瀬稚鷦鷯《おはつせのわかさざき》皇子や手白香《たしらか》皇女ら七名の子をもうけ、キサキの和珥臣日爪《わにのおみひつめ》の娘・糠君娘《あらきみのいらつめ》は、春日山田皇女をもうけたと伝える。いずれも、和珥氏系の后妃《こうひ》であることに留意される。

仁賢天皇の没後、小泊瀬稚鷦鷯皇子が第二十五代武烈天皇として即位するが、悪逆暴政のかぎりを尽くし、皇后に立てた春日娘子《かすがのいらつめ》には子がなく、彼女の父の名もつまびらかでないと記している。

ついに、五世紀の天皇家一族は断絶した。やむなく応神天皇の五世孫で、淀川流域から琵琶湖沿岸、東海、北陸地域の豪族と連携して勢力の基盤としていた、男大迹《おおど》王を迎え、継体天皇として即位することで、ヤマト王権は存続が可能となった。

皇后には、仁賢天皇の娘・手白香皇女を迎えて、五世紀の天皇家の血が女系で継承された。次の安閑天皇も、同じ仁賢天皇の娘・春日山田《かすがのやまだ》皇女を皇后にしたと伝えている。女系で前代の天皇家の血につながろうとする意識が読み取れる。

天皇家の系統は男系では断絶するが、女系では次の継体王統につながっており、それを担っているのは和珥氏系の女性であって、葛城氏は影すら見えない。すなわち、天皇家の姻族が葛城氏から和珥氏に交替し、和珥氏系の女性たちが五世紀と六世紀の天皇家をつなげているのである。

この間、実年にして二〇年あまりだが、飯豊皇女の執政や顕宗・仁賢天皇即位などの記事が説話的であり、信憑性に疑問も持たれている。天皇位の継承についても順調ではなかったと思われるが、実際はどうであったのだろうか。

劇的な物語にされた、葛城氏系天皇の即位

顕宗・仁賢天皇は、履中天皇の孫であり二世王である。二世王の即位は、これ以前には景行天皇の孫、すなわち日本武尊《やまとたけるのみこと》の子の第十四代仲哀天皇しかいない。二世王である顕宗・仁賢天皇の即位は、当時の天皇位継承の実態から見れば、きわめて異例といえる。

本来ならば、即位の可能性がほとんどない二王の即位を、『記』・『紀』・『播磨国風土記《はりまのくにふどき》』が劇的な物語として伝えるのには、それなりの理由があってのことと思われる。

つまり、父を殺害されて播磨に隠棲《いんせい》し、二世王という異系・異端の人物の即位が流

離・苦難の末に本懐《ほんかい》を遂《と》げるという劇的な内容の物語にしたてられ、一年のあらゆる秩序が改まると信じられた新嘗祭《にいなめのまつり》に関連づけて語り伝えられるのも、ある意味では当然だったのだ。

遠い時代の出来事を伝える際に、事実と後世の文飾が織《お》り交《ま》ぜられているのはやむを得ないことであり、真偽《しんぎ》の縺《もつ》れを解《ほぐ》し、選《よ》り分けて、事実だけでなく創作者や筆録者の意図などもあきらかにするのが、歴史を学ぶ者の責務でもあろう。解釈の困難な記事を創作や捏造《ねつぞう》、人物の否定説などでかたづけるのは容易だが、それでは真実は遠《とお》退《の》いていくばかりである。

葛城氏滅亡後のヤマト王権混乱期において、葛城氏系の二世王が播磨から探し出されて天皇位に即《つ》いたことには、もはや残映にすぎないが、ヤマト王権がなお、葛城氏の威光に頼らなければならなかった、当時の歴史的局面を考えるべきである。ただし、関連の所伝は、あまりにも諸問題が錯綜《さくそう》しているため、ここでは忍海にかかわることのみ述べることにする。

まず、二王が苦難の末に身を隠していたという、播磨国赤石郡の家に注目される。

それは「赤石郡の縮見屯倉首忍海部造細目」の家、播磨国赤石郡縮見〔兵庫県三木《みき》市志染《しじみ》町〕に置かれていた王権の所領管理に派遣された忍海部造細目の館《やかた》だった。このことは、二王が忍海部造（忍海造）氏の庇護《ひご》のもとにあったことを示している。

九世紀末頃に、摂津国の住吉坐《すみのえにいます》神社（大阪市住吉区の住吉《すみよし》大社）の神官・津守《つもりの》連《むらじ》氏が撰述した『住吉大社神代記《すみよしたいしゃじんだいき》』「船木等本記《ふなきらのほんぎ》」に、「彦太忍信命《ひこふつおしのまことのみこと》の児《こ》、葛木の志志見《しじみ》の與利木田《よりきだ》の忍海部乃刀自《おしぬみべのとじ》」という系譜的記事が載っている。これは、播磨国赤石郡だけでなく、忍海造氏の本貫である葛城忍海にもシジミという地名が存在したことを示している。このことは、播磨国で見出される二王と忍海氏の関係が創作でないことを物語っている。

彦太忍信命は葛城襲津彦の曾《そう》祖父、武内宿禰の祖父とも伝えられる人物である。忍海部乃刀自は、葛城氏と同じく彦太忍信命の後裔と称していたのであり、忍海氏の歴史的特徴や葛城氏との関係も示している。

これにかかわり、『続日本紀』が神亀《じんき》元（七二四）年十月に、「忍海手人大海《おしぬみのてひとおおあま》ら兄弟六人を、手人《てひと》の籍から除いて外《がい》祖父従五位上津守連通《つもりのむらじとおる》の姓《うじ》にしたがわせる」と記しているのも参考になる。

手人《てひと》は、工人《こうじん》（手工業技術者）集団の姓《かばね》であり、摂津国の住吉大社は中国南朝・宋と頻繁に交流した五世紀以来、ヤマト王権の港である住吉津《すみのえのつ》に鎮座する国家的航海神として、ヤマト王権が直接祭った神社であり、後の遣唐使もここから出帆《しゅっぱん》した。その住吉津の管理と住吉大社の祭祀は、津守連氏が担っていたのである。

葛城の忍海手人氏と摂津国住吉の津守連氏の姻戚関係は、葛城の集団が住吉津・津守連氏と深い結びつきのあったことを示し、それは葛城氏が対外交渉を主導していた時代にまでさかのぼると考えられる。五世紀には、西日本の水運網と外交を掌握するうえで要《かなめ》となる住吉津にも、葛城氏の手が伸びていたのである。

二王が逃れていた播磨についても、葛城氏との関係を探ってみよう。

『播磨国風土記』の神前《かんざき》郡条に、大和国葛上郡の高鴨神社で奉斎《ほうさい》される阿遅須伎高日古尼命《あぢすきたかひこねのみこと》の物語が、播磨国賀毛《かも》郡〔兵庫県加西《かさい》市・小野《おの》市・加東《かとう》市〕には楢原《ならばら》里〔加西市の東部〕や上鴨《かみがも》里・下鴨《しもがも》里〔加西市の西部〕など、葛上郡と同じ地名が見えることから、両地域の間には古くから結びつきがあったことが想定される。

さらに、同書には、賀毛郡に活躍が記される當麻品遲部君前玉《たぎまのほんじべのきみさきたま》は葛下郡當麻郷の人物であること、同郡起勢《こせ》里〔加東市〕の地名は巨勢部《こせべ》の居住に由来するとあるが、巨勢部は巨勢〔許勢〕臣氏の部民である。巨勢氏は葛城氏と同じく、武内宿禰の後裔とされ、その本拠地・高市郡巨勢郷〔奈良県御所市古瀬《こせ》〕も葛城に隣接していて、地縁的な結びつきも想定される。

このように、『播磨国風土記』に葛城縁りの所伝が少なくないのは、播磨地域と葛城が古くから交流があったことを物語る。

これらのことは、播磨に逃れ住んだ葛城氏系である億計・弘計の二王と忍海造氏との関係理解にもつながる問題である。おそらく、彼らは事前に播磨国赤石の縮見屯倉首が忍海部造細目であることを知っており、彼を頼って難を逃れたのである。それは、最初からの計画的な逃避先であった。

飯豊皇女《いいどよのひめみこ》は、最初の女帝か

飯豊皇女について、『紀』履中天皇条は、葛城黒媛のもうけた青海《あおみ》皇女の亦名《またのな》とし、『記』履中天皇段も、葛城黒比売命《かつらぎのくろひめのみこと》の産んだ青海郎女《あおみのいらつめ》の亦名を飯豊郎女と記している。『記』清寧天皇段では、忍海郎女の亦名が飯豊王とあり、彼女は飯豊・青海・忍海の三つの名を持っていた。

さらに、『紀』顕宗天皇即位前紀が引用する「譜第」には、市辺押磐皇子と葛城《かつらぎの》蟻臣《ありのおみ》の娘・荑媛《はえひめ》の間に、顕宗・仁賢天皇の妹として飯豊女王《ひめみこ》が生まれ、亦名が忍海《おしぬみ》部《べの》女王であると記している。加えて、姉と伝える異伝も記し、飯豊皇女を顕宗・仁賢天皇のオバ・姉・妹とする、三つの異なる系譜伝承があり、安定的でない。

このように、飯豊皇女の系譜上の位置に混乱が見られ、その位置づけに安定さを欠く面があるものの、彼女の母が葛城氏の女性であることに変わりはない。問題は、彼女に関連する所伝の内容である。

『記』清寧天皇には、清寧天皇には御子《みこ》がなく、天皇が死去して後継が絶えた。そこで、

是《ここ》に、日継《ひつぎ》知らす王を問《と》ふに、市辺忍歯別王《いちのへのおしはわけ》の妹、忍海郎女《おしぬみのいらつめ》、亦《また》の名は飯豊王、葛城忍海の高木角刺宮《たかきのつのさしのみや》に坐《ま》しましき。…（二王の発見）…是《ここ》に其《そ》の姨《おば》飯豊

王、聞き歓《よろこ》ばして、宮《みや》に上《のぼ》らしめたまひき。

とある。また『紀』顕宗天皇即位前紀にも、

是《これ》に由《よ》りて、天皇の姉飯豊青《いいどよのあお》皇女、忍海角刺宮《おしぬみのつのさしのみや》に、臨朝秉政《みかどまつりごと》したまふ。自《みずか》ら忍海飯豊青尊《おしぬみのいいどよのあおのみこと》と称《なの》りたまふ。当世《とき》の詞人《うたつくるひと》、歌《うたよみ》して曰《い》はく、

倭辺《やまとへ》に　見《み》が欲《ほし》しものは　忍海の　この高城《たかき》なる　角刺の宮

冬十一月に、飯豊青尊、崩《かみあが》りましぬ。葛城埴口丘陵《かつらぎのはにくちのおかのみささぎ》に葬《はぶ》りまつる。

と、伝えている。

なお、この宮ぼめの歌が『紀』仁徳天皇三十年九月条の、葛城磐之媛が那羅《なら》山から葛城を望んで歌ったという「(前略)…　倭を過ぎ　我が見が欲し国は　葛城高宮　我家のあたり」に類似しているのも偶然とは思われない。

さて、清寧天皇が死去して顕宗天皇が即位するまでの間、飯豊皇女は、葛城の忍海角刺宮で、一時的にヤマト王権の政務を掌《と》り（写真7）、死後は葛城埴口丘陵《かつらぎのはにくちのおかのみささぎ》（全長約九〇メートルの北花内大塚古墳《きたはなうちおおつか》）に葬られたという。

「尊《みこと》」や「陵《みささぎ》」は通常、天皇に使うものであり、平安時代末頃に著された歴史書であ

写真7　忍海角刺《おしぬみのつのさし》神社

飯豊皇女《いいどよのひめみこ》が政《まつりごと》を行なった忍海角刺宮跡《あと》とされる。奈良県葛城市

る『扶桑略記《ふそうりやつき》』や十五世紀初頭成立の皇室系譜『本朝皇胤紹運録《ほんちょうこういんじょううんろく》』などでは、彼女を「飯豊天皇」と記し、天皇の扱いをしている。

飯豊皇女の忍海角刺宮の名は、彼女の宮殿の屋根もしくは入口に、災厄《さいやく》をもたらす邪悪なものの侵入を防除するため、鹿角《ろっかく》を刺し飾っていたことに由来する宮号《みやごう》である。

鹿の若角は、滋養強壮《じようきょうそう》の薬剤である鹿茸《ろくじょう》としても知られるが、成長して鉤手《かぎて》状に枝分かれした強固な角は、侵入する邪悪なものを引っ掛けて防ぐ働きがあると信じられていた。

古代の鹿角に対する呪術《じゆじゆつ》的な観念については、自著『鹿と鳥の文化史』で述べたが、現在でもヒマラヤ山中の王国ブータンの西部にある民家には、玄関の上部に人物大の巨大な勃起《ぼつき》した男根の壁画が彩色で写実的に描かれ、入口中央の上部には鹿角一《いっ》双《そう》が取り付けられている。男根を描くのは魔除《まよ》けのためというから、掲げられた鹿角にも、同様な呪術的な機能があると信じられているのだろう。

六世紀の半ば、仏教伝来時の欽明天皇の宮殿が、磯城嶋金刺宮《しきしまのかなさしのみや》と伝えられるのも、忍海角刺宮について考えるうえで参考になる。おそらく、欽明天皇の金刺宮には、長野県の諏訪《すわ》大社で祭事に用いられる薙鎌《なぎかま》のような鋭利な刃物が、宮殿の入口上部もしくは屋根に打ち込まれていたと見られる。ちなみに、諏訪大社下社《しもしや》の大祝《おおほうり》は金刺舎人《かなさしのとねり》氏であり、その氏名《うじな》は欽明天皇の磯城嶋金刺宮に奉仕したことに由来する。

諏訪大社では、薙鎌は神宝のひとつとして扱われ、分社の時には分霊として授与している。また、諏訪地方では、これを神木に打ち込んで境界を示す「鎌打《かまう》ち神事《しんじ》」も行なわれたり、「風切鎌《かざきりがま》」と称して、農家では棟《むね》の両端に打ち付けたり、竿《さお》の先に逆に取り付けたりする。

耳の一部が欠けた耳割鹿《みみさけじか》を供《そな》えることで知られる諏訪大社の酉日祭《とりのひのまつり》（御頭祭《おんとうさい》）の巡幸では、現在も多くの薙鎌が行列を飾り、茅野《ちの》市にある諏訪大社の神長官守矢《じんちょうかんもりや》史料館の柱にも打ち込まれているので、間近《まぢか》に見ることができる。

いずれにしても、フクロウを意味する飯豊という名や、鹿の角を取り付けた忍海高木角刺宮は、彼女の呪術師的性格、巫女王《みこおう》的特徴を示している。

『紀』清寧天皇三年七月条には、

飯豊皇女、角刺宮にして、与夫初交《まぐわい》したまふ。人に謂《かた》りて曰《い》はく、「一女《ひとはしおみな》の道を知りぬ。又安《またいずく》にぞ異《け》なるべけむ。終《つい》に男に交《あ》はむことを願《ほり》せじ」とのたまふ。

という、不思議な物語を伝えられる。

男性と一度きりの交合の後、まったく異性を近づけようとしなかったというが、彼女の地位から見て、交合した男性の名を知らなかったとは思われない。彼女は、名をあかしてはならない存在、おそらくは男神と交わったのである。祭りの夜にだけ男神と交わる巫女、神の一夜妻《いちやづま》的な姿が見て取れるが、こうした彼女の特性が不思議な物語として伝えられているのである。

このように、清寧天皇の死後、巫女王的な性格を有する葛城氏系の飯豊皇女が葛城に忍海角刺宮をかまえ、一時的にヤマト王権の政務を執ったと伝えられる。

このことは、五世紀末の歴史を考察するうえで重要であるだけでなく、忍海評設置の歴史的背景を考察するうえでも見過ごせない。飯豊皇女の即位は、否定的に考えられている。

しかし、忍海郎女・忍海部女王という亦名は、彼女が葛城の忍海角刺宮でヤマト王権の政務を執り、後世にその名前を伝える名目で、領有民である名代《なしろ》として忍海部が設置されたことに由来する。この忍海部を統率した伴造《とものみやつこ》が忍海《おしぬみの》（忍海部）造《みやつこ》氏であり、この忍海造氏が播磨国に逃れた億計・弘計の二王を庇護《ひご》していたのである。

忍海氏《おしぬみ》は、葛城氏の継承者か

忍海氏には、忍海部の伴造である忍海造と、渡来系の金属工人集団である忍海漢人《あやびと》・忍海村主《すぐり》・忍海手人《てひと》と、その伴造の忍海首《おびと》らがいた。

天智天皇は、女官《にょかん》である忍海造《おしぬみのみやつこ》小龍《おたつ》の娘・色夫古娘《しこぶこのいらつめ》との間に、大江《おおえ》皇女・川《かわ》嶋《しま》皇子・泉《いずみ》皇女をもうけた。

川嶋皇子は、持統天皇五（六九一）年九月に亡くなるが、わが国最古の漢詩集『懐《かい》風藻《ふうそう》』に三五歳とあるから、誕生は斉明天皇三（六五七）年である。それより先に大江皇女が誕生しており、色夫古娘の入内は、斉明天皇元（六五五）年前後のことであろう。

孝徳朝から斉明朝にかけて、中大兄皇子が次期天皇の最有力候補だったが、中小氏族出身の色夫古娘との結びつきはやや特異である。

畿外の地方豪族出身の女性が、服属の保証を兼ねて入内する例は少なくないが、大和の中小豪族出身女性の入内例は、わずかである。特に葛城地域の中小豪族では、葛城直磐村《かつらぎのあたいいわむら》の娘・広子《ひろこ》が第三十一代の用明《ようめい》天皇に入内して、麻呂子《まろこ》皇子と酢香手姫《すかてひめ》皇女をもうけているのみである。

麻呂子皇子は當麻公《たぎまのきみ》の祖であり、酢香手姫皇女は推古朝まで三七年間も伊勢神宮の斎宮《さいぐう》として、天照大神の祭祀に仕えたという。葛城直磐村にあたる人物は、『記』用明天皇段で當麻倉首比呂《たぎまのくらのおびとひろ》と見える。葛城国造に任命されて葛城直《かつらぎのあたい》氏を称したと見られるが、當麻も葛城の地域内である。忍海郡に北接する、律令制下の葛下郡當麻郷〔葛城市當麻〕である。

『記』開化天皇段では、開化天皇と葛城《かつらぎ》之《の》垂見宿禰《たるみのすくね》の娘・鸇比売《わしひめ》との間に生まれた建豊《たけとよ》波豆羅和気《はずらわけ》王を、忍海部造《おしぬみべのみやつこ》氏・稲羽忍海部《いなばのおしぬみべ》氏らの祖と伝えられるのにも留意される。

葛城之垂見宿禰と葛城襲津彦らとの関係は分明でなく、系譜伝承の信憑性もさだかではないが、忍海造氏が葛城を強く意識していたことは確かである。

忍海造氏は、葛城氏による天皇家外戚としての地位の継承者とする考えもある。しかし、忍海造氏だけでなく、葛城直（當麻倉首）氏も、かつては葛城氏の権力機構の構成員だったこともあり、葛城氏の滅亡後に、天皇家外戚としての地位の継承を一時的に認められたのではないかと考えられる。

『続日本紀』の延暦十（七九一）年正月条に、「典薬頭《てんやくのかみ》の忍海原連《おしぬみのはらのむらじ》魚養《うおかい》らが祖先は葛木襲津彦の六男、熊道足禰《くまぢのすくね》の後だと主張して朝野《あさの》宿禰を賜姓された」とある。主張の信憑性を確かめる術はないものの、後世まで忍海氏が葛城氏との関係を強く意識していたことは確かである。

なお、『記』に見える當麻倉首という氏姓にかかわり、葛下郡當麻郷の地域に倉《くら》瀬《せ》・井倉《いくら》・伊倉《いくら》・今倉《いまくら》・古今倉《ふるいまくら》など「クラ」関係古地名が集中的に分布することから、同氏が當麻郷に置かれたヤマト王権のクラの管理に携わっていたことが想定される。

同様に、『続日本紀』の宝亀《ほうき》八（七七七）年正月条には、忍海倉連甑《おしぬみのくらのむらじこしき》に外従五位下《げのじゆごいげ》を授けるとあり、忍海地域にもヤマト王権のクラが置かれ、忍海倉連氏がその管理に従事していたことがわかる。

先にも記したが、難波長柄豊碕宮《なにわのながらとよさきのみや》下層や鳴滝遺跡から出土した大規模な高床倉庫群から知られるように、中国風の大規模な都が造営される以前には、ヤマト王権の収納機関であるクラは、天皇の宮殿近くに集中していない。交通の便《べん》や工人の居住などの条件に応じ、宮殿からやや離れて分散して存在していた。當麻クラや忍海クラは、その中の一例である。

當麻郷には、倭文《しどり》という布を織《お》った倭文連《しどりのむらじ》氏や布や糸の染色に従事した置始連《おきそめのむらじ》氏、植物性の材料で敷物類を編《あ》んだ掃守氏《かにもり》などの居住が知られることから、當麻クラには主に繊維製品類が、忍海クラには主に金属製品類が収納されていた（次項で詳述）。

もちろん、これらのクラの管理業務にしたがった集団だけでなく、そこに収納された材料を加工したり、収蔵する製品を生産するための工人集団も配置されており、そのための工房も同時に存在した。

忍海氏配下の工人《こうじん》集団

葛城の南郷遺跡群の調査結果から知られる先進の手工業技術は、地域的に見て、葛城襲津彦とともに渡来した佐糜や高宮の漢人《あやひと》、弓月君の後裔という秦氏らとの関係が想定される。

桑原漢人は、中心をなす人々が早くに近江国へ移住したようだが、忍海漢人の後裔はヤマト王権直属の工人集団として、後々まで忍海郡に盤踞《ばんきょ》していた。

『肥前国風土記《ひぜんのくにふどき》』の三根《みね》郡漢部《あやべ》郷条に、「来目《くめ》皇子（聖徳太子の弟）が新羅遠征の際に、忍海漢人を連れ来て、この村で兵器を作らせた」とあることから、忍海手人・忍海漢人・忍海部らがそれに該当することがわかる。

『紀』推古天皇十（六〇二）年二月条に、「来目皇子に二万五〇〇〇人の軍勢を授けて新羅に派遣し、筑紫《つくし》国の嶋《しま》郡〔福岡県糸島《いとしま》半島のあたり〕まで進軍したが、六月に来目皇子が病気に罹《かか》ったので、はたせなかった」とあるが、この時のことである。

ちなみに、肥前国三根郡には葛木郷〔佐賀県三養基《みやき》郡みやき町〕があり、『延喜式』には載らないが、『日本三代実録』の貞観十五（八七三）年九月に従五位下の位を授けたとある葛木一言主命を祭る葛城神社も鎮座している。ここには、忍海漢人だけでなく、葛城の一言主神を信仰する人々も移住していたのである。

さらに、『元興寺伽藍縁起并流記資財帳』の中に意奴弥首《おぬみのおびと》（忍海首）辰星《たつほし》、阿沙都《あさつ》麻首《まのおびと》（朝妻首）未沙乃《みさの》らの名が見えることも参考になる。

『続日本紀』の養老六（七二二）年三月条にも、「伊賀国金作部東人《いがのくにかなつくりべのあづまひと》・伊勢国忍海《いせのくにおしぬみの》漢人安得《あやひとあんとこ》・近江国忍海部乎太須《おうみのくにおしぬみべのおたす》・播磨国忍海漢人麻呂《はりまのくにおしぬみのあやひとまろ》・紀伊国韓鍛冶杭田《きいのくにからかぬちのくいた》・鎧作《よろいつくりの》名床《なとこ》ら、七一戸の雑工《ざつく》（諸種の工人）」が見え、忍海部や忍海漢人らは、奈良時代においても工人と位置づけられていた。

律令制下において、大蔵省《おおくらしょう》に配置された革染《かわそ》め工人の「狛戸《こまへ》」六人は、忍海部狛《おしぬみべのこま》人《ひと》五戸・竹志戸狛人《ちくしへのこまひと》七戸の中から採用する規定であった。忍海には、皮革染色関係の渡来系工人集団も居住していたが、おそらくは馬具や甲冑などの製作に必要な皮革の生産に従事していたのであろう。

忍海造氏の下には、このような渡来系工人集団が多く従属していた。葛城市脇田《わきた》・笛吹《ふえふき》にかけて存在する地光寺《じこうじ》跡は、七世紀後半の薬師寺式伽藍配置の東《ひがし》遺跡（脇田）と八世紀前半の四天王寺《してんのうじ》式伽藍配置の西遺跡（笛吹）からなる。そこからは、非常にめずらしい新羅系の鬼面文軒丸瓦《きめんもんのきまるがわら》（写真8）が出土しており、忍海造氏の氏寺《うじでら》と目されている。

中国が起源である鬼面文軒丸瓦は、三国時代の高句麗・新羅へ伝わり、天智天皇七（六六八）年の朝鮮半島統一後の新羅で多く用いられた。日本では蓮華紋《れんげもん》軒《のき》丸瓦が主流であるが、あえて鬼面文軒丸瓦を用いているところに、忍海造氏の出自についてのこだわりを読み取ることもできる。

彼らの渡来が、仏教伝来のはるか以前、葛城襲津彦の時代であったならば、七世紀後半の地光寺創建の時期においてもなお、渡来系氏族としての自己意識と、鬼面文軒丸瓦を故国から導入する連絡網が存在していたことを示しており、古代の渡来系集団のありようと特色を示すものとしても興味深い。

さらに、地光寺跡の下層からは、六世紀後半から八世紀の鍛冶《かじ》遺構が、多くの鉄《てつ》滓《さい》・鞴《ふいご》羽口《はぐち》・砥石《といし》などとともに出土しており、忍海造氏の特徴をよく示している。

加えるに、地光寺跡の西方山麓にある寺口忍海《てらぐちおしみ》古墳群〔葛城市寺口《てらぐち》〕は二〇〇基ほどが集中する古墳時代後期の群集墳であるが、早い時期の横穴式石室などからは多くの鉄滓をはじめ、金床《かなとこ》・鉄鉗《やっとこ》・鉄鎚《かなづち》・砥石・

写真8 鬼面文軒丸瓦《きめんもんのきまるがわら》

地光寺《じこうじ》跡から出土した。創建時のものと見られる

（写真／奈良県立橿原考古学研究所附属博物館）

鏨《たがね》・鉄斧《てつふ》・ヤリガンナ・鉄鏃《てつぞく》・刀子《とうす》・鉄刀・U字形鍬《くわ》・鋤先《すき》など鉄の生産・加工用具やその製品が大量に出土した。出土品の特徴や位置・地名などから、ここが忍海に住んだ人々の奥津城《おくつき》に違いない。

　このように、忍海氏の下には多くの金属工人集団が配置されていた。

忍海氏と元号「大宝《だいほう》」の由来

『紀』天武天皇三（六七四）年三月条に、「対馬国司《つしまのこくし》の忍海造《おしぬみのみやつこ》大国《おおくに》が、はじめて銀が産出したので貢上《こうじょう》する」と報告し、その功績により、小錦下位《しょうきんのげい》（のちの従五位）を授けられたとあるのも興味深い。

『延喜式』神名帳には、対馬島《つしま》下県《しもつあがた》郡に銀山上神《しろがねやまのかみ》社と銀山《しろがねやま》神社〔いずれも長崎県対馬《つしま》市厳原《いずはら》町〕が載るが、対馬島は、平安時代まで税のひとつである調《ちょう》として銀を納めていた。対馬島の銀鉱石の採掘と精錬は、忍海造氏によって始められたのであり、彼らはそうした知識・技術を保有していた。

『続日本紀』の大宝元年八月条に、「是《これ》より先、大伴宿禰《おおとものすくね》御行《みゆき》が大倭《やまと》国忍海郡の三田《みたの》首五瀬《おびといつせ》を対馬嶋に派遣して、黄金《こがね》を治成《やせい》させた。五瀬には正六位上《しょうろくいじょう》を授け、五〇戸の農家と田一〇町、高級な織物などを与え、雑戸《ざっこ》の籍から除いた」とあることにも注目される。

これは褒章《ほうしょう》記事であり、忍海郡の三田首五瀬が金の精錬についての知識や技術を持っていると知られていたのであろうが、「是より先」とあるように、彼の対馬島への派遣はこれ以前である。

同年三月二十一日には、「対馬島が金を貢上したので大宝の元号（年号）を建てた」とある。大宝は、対馬島が金を貢上したこと（倭国で最初の金の産出・精錬）を記念して建てられた元号なのである。

ところが、『続日本紀』同条「年代暦《ねんだいれき》」には、後にこれが三田首五瀬の詐欺《さぎ》と発覚し、大伴宿禰御行がだまされたと記している。金産出の詐欺を働いた三田首五瀬の処罰のことは不明であり、詐欺にもとづく大宝の元号を取り消すこともできなかったのであろう。大伴宿禰御行は、大宝元年正月に亡くなっており、詐欺のことは知らないままだった。

さて、三田《みた》は御田《みた》で皇室領のことであり、三田首はその現地管理責任者である。三田首五瀬は、金属生産の知識・技術を保有していたが、彼の王権内での職務は忍海郡の御田の管理であった。忍海郡の御田とは、安康天皇を殺害した眉輪王を匿《かくま》ったことの贖罪《しょくざい》に葛城円大臣が雄略天皇に差し出した「葛城宅七区《かつらぎのいえななところ》」（五処之屯宅《いつところのみやけ》）、ないしは飯豊皇女と忍海角刺宮が地域基盤とした天皇家領に由来すると考えられる。

というよりも、飯豊皇女と忍海角刺宮が基盤とした天皇家領は、葛城円大臣が差し出した「葛城宅七区」を継承したものであり、それが葛木御県（葛城県）に編成されたものと考えられる。

延喜式内大社の葛木御県神社が、律令制下の葛下郡南端の、飯豊皇女を葬っていると見られる北花内大塚古墳の北西約七〇〇メートルの葛城市葛木に鎮座（本来の鎮座地はやや東方）するのも参考になろう。

要するに、葛城氏の差し出した「葛城宅七区」→飯豊皇女・忍海角刺宮の地域基盤→葛木御県と変遷し、三田首五瀬の管理した忍海の御田はその中心的所領だったのだ。

『紀』の天武天皇七（六七八）年九月に、忍海造《おしぬみのみやつこ》能摩呂《よしまろ》が茎から枝分かれした「瑞稲《あやしきいね》」五茎を献上したと伝え、忍海造氏が中国由来のめでたいことの前兆・祥瑞《しょうずい》についての知識を有していたことも興味深いが、五茎の瑞稲は忍海の御田で刈り取られたものであったとも考えられる。

「葛木御県《かつらぎのみあがた》」の誕生

対馬島での銀産出に関して注目されるのは、忍海造氏らが対馬島に派遣されていることである。対馬島は、対外交渉の倭国側の最前線に位置する。葛城襲津彦が新羅へ人質の送還をした際に事が起こったのも対馬であり、大陸往還の重要な中継地であった。

要するに、忍海造大国や三田首五瀬らの先祖は金属加工だけでなく、かつては葛城氏政権下で対外交渉の実務も担っていたと考えられる。そうした伝統も踏まえたうえで、忍海造氏らは対馬島へ派遣されたのであろう。

『続日本紀』の養老三年十一月条に、「忍海手人広道《おしぬみのてひとひろみち》に久米直《くめのあたい》の姓を賜《たま》い、雑戸《ざっこ》の号を除く」とあるのも見逃せない。忍海手人氏と久米（来目）直氏が同族的関係にあったことが知られるが、顕宗天皇のまたの名は来目稚子《くめのわくご》である。播磨国赤石郡の縮見屯倉首忍海部造細目の元で、顕宗・仁賢の二王を発見したのは、山部連氏の先祖・伊予来目部小楯であった。

先にも触れたように、来目部の伴造である来目部小楯は、以前から忍海部造氏と親密な関係にあり、播磨の来目稚子・嶋郎《しまのいらつこ》二王についても、事前に何らかの情報を得ていた可能性が高い。伊予来目部小楯は、忍海部造氏とともに来目稚子の生活を支えていたと考えられる。

葛城氏が滅び、有力な後ろ盾《だて》を喪失した二世王の顕宗・仁賢の兄弟は、葛城氏の権力機構を支えていた忍海造氏や、同氏と同族的関係にあった来目氏らの庇護《ひご》・援助により、葛城氏系の天皇として即位が可能になったのである。忍海郎女・忍海部女王とも称された葛城氏系飯豊皇女が、忍海角刺宮で一時的に王権の政務を執ったのも、忍海造氏らの後援があってのことだろう。

これら葛城氏系の天皇やその一族は、かつて葛城円大臣が贖罪に差し出し、天皇家の所領となっていた「葛城宅七区」（五処之屯宅）を地域基盤とした。葛城氏縁《ゆか》りの天皇・皇族として、葛城氏の旧所領を地域基盤とするのは半ば当然と思われるが、彼らが亡くなって以降は葛木御県とされたのである。

この葛木御県の領域については、『記』に「五処《いつところ》の屯宅《みやけ》は、今の葛城の五村の苑人《そのひと》なり」とあることから、「ソノ」に関連する地名が分布する葛上郡から忍海郡、さらに葛下郡南部の葛木御県神社付近にかけて、かなり広い地域を想定する考えもある。

ただ、確実に古代までさかのぼる地名は『倭名類聚抄』の忍海郡園人《そのひと》郷〔葛城市忍海〕だけであり、『新撰姓氏録』大和国諸蕃に「園人首《そのひとのおびと》。百済国の人、知豆神《ちづのかみ》の後《すえ》自《よ》り出《い》づ」とある園人首氏の本貫でもあるから、葛木御県は忍海評を中心とする領域と見るのが妥当と思われる。

蘇我《そが》氏が所望した葛木御県

これは葛木御県をめぐる後日譚であるが、『紀』推古天皇三十二（六二四）年十月条には、推古天皇と大臣《おおおみ》・蘇我馬子《そがのうまこ》の間に、次のようなやりとりがあったと伝える。

大臣の蘇我馬子は安曇連《あずみのむらじ》と阿倍臣摩侶《あべのおみまろ》を推古天皇の元に派遣し、「葛城県はもともと私の本居《うぶすな》です。姓名《かばねな》もこの県《あがた》に由来します。それで、末永《すえなが》くこの県を賜《たまわ》り私の所領としたく思います」と願い出た。蘇我馬子の姉妹堅鹽媛《きたしひめ》を母とする推古天皇は、「私は蘇我氏の出身です。大臣は私のオジです。だから、大臣の提案は即座に採用してきました。しかし、私の治世《ちせい》にこの県を失ったならば、愚《おろ》かな女性が天下を治《おさ》めたので、たちまちその県を失ったといわれましょう。私ひとりの未熟にとどまらず、大臣も不忠とされて、後世に悪名を残すことになります」

といって、許さなかった。

権勢を誇る大臣蘇我馬子が、蘇我氏縁りの地域であるとして、葛城県の割譲《かつじょう》を要求したけれども、推古天皇は認めなかったという。蘇我氏と葛城県の具体的な関係について、馬子の主張するような事実があったのか分明でないが、葛城県は蘇我氏系の推古天皇にあっても容易に動かせない、天皇家にとって、もっとも重要な地域のひとつだったのだ。

要するに忍海評は、葛城氏の「葛城宅七区」→飯豊皇女・忍海角刺宮の地域基盤→

葛木御県と変遷した皇室領を継承したものであった。

もちろん、忍海評の設置には、葛城氏の本拠地を恒久的に南北分割するという、天皇家の強い意志も読み取れよう。狭隘な領域である忍海評が設置され、後も他郡に併合されず忍海郡として明治三十年まで存続した背景には、葛城氏に始まる忍海地域の特別な歴史が存在したのである。

それは天皇権力強化策の反動でもあったが、ヤマト王権は雄略天皇が亡くなった後の危機を、葛城氏系の皇族を天皇に即《つ》けることで乗り切ろうとしたのである。そのもくろみは十分な効果を上げることはできなかったが、葛城氏と葛城地域の重要性は、葛木御県と忍海評設置からもあきらかなように、後の歴史まで大きく規制したのである。

第七章　神話・神社に隠れた、葛城氏の痕跡《こんせき》

葛城地域の神社

古代が現代と大きく異なる点は、社会や国家において、神々の信仰と祭りが大きく重い位置を占めていたことである。「祭政一致」という表現は適切ではないが、神の信仰や祭祀《さいし》が政治や社会のありように連動し、それを規制した面があったことは事実である。つまり、神々の信仰と祭祀から、古代社会の実態を知ることも可能である。

ここでは、葛城地域で祭祀された主な神々や神話、祭祀などから、古代葛城と葛城氏の姿を復原してみよう。

葛城氏のもっとも重要な地域基盤であった大和国葛上郡の式内社（106ページ参照）で、名神大社（107ページ参照）に列せられるのは高鴨阿治須岐託彦根命《たかがもあぢすきたかひこねのみこと》神社（高鴨《たかかも》神社）・高天彦《たかまひこ》神社・葛木水分《かつらぎのみくまり》神社・葛木坐一言主《かつらぎにいますひとことぬし》神社・葛木御年《かつらぎみとし》神社・鴨都波八《かもつはや》重事代主命《えことしろぬしのみこと》神社（鴨都波《かもつば》神社）の六社である。

本章ではこれらのうち、『記』・『紀』や『風土記』などに神話や伝承が載る、高鴨神社・鴨都波神社・葛木御年神社・葛木坐一言主神社から、古代の葛城と葛城氏の特徴を探っていく。

写真9　高鴨《たかかも》神社

豪族鴨《かも》氏の発祥の地にて、全国の鴨(賀茂)神社の総本社。
奈良県御所市

高鴨《たかかも》神社と太陽女神

奈良県御所市鴨神《かもがみ》に鎮座する高鴨神社(写真9)の祭神は、『延喜式』神名帳では四柱とあるが、主となる祭神は神社の名に含まれるアヂスキタカヒコネ神(『紀』は味耜高彦根神、『記』は阿遅志貴高日子根神)である。

高鴨は、高天《たかま》(高天彦神社が鎮座)や高《たか》宮《みや》などの類例から見て、鎮座地が葛城で標高の高い地域であり、鴨氏らに祭祀されたことによる命名であろう。

アヂスキタカヒコネ神は、『記』・『紀』の神話では、天照大神の子孫が、高天原《たかまのはら》(天上世界)から葦原中国《あしはらのなかつくに》(地上世界)に天降《あまくだ》る前に葦原中国を平定し、国譲《ゆず》りを迫る、いわゆる国譲り神話に登場する。最初に葦原中国に派遣された神の首尾《しゅび》がよくなかったので、天若日子《あめのわかひこ》を遣《つか》わした。ところが、天若日子も命令に背《そむ》いたことが原因で、高天原からの還矢《かえりや》が中《あた》って亡くなった。その葬儀に友人だったアヂスキタカヒコネ神が弔問《ちょうもん》に来たが、両人はよく似ていたので天若日子にまちがわれた。それを怒ったアヂスキタカヒコネ神は、十掬剣《とつかのつるぎ》で喪屋《もや》を切り伏せて、飛び去った。天若日子の妻になっていた妹の高比売命《たかひめのみこと》（またの名は下照比売神《したてるひめ》）は歌で以《も》って、その神の名をあきらかにした。

神話の解釈は難解であるが、アヂスキタカヒコネ神が鎮座する葛城との関係に引きつけて述べれば、妹の高比売命は、葛城の「高」地域にちなむ神名《しんめい》であるが、またの名が下照比売神と伝えられることが重要である。

下照比売神は、高鴨神社や鴨都波神社でアヂスキタカヒコネ神や事代主神《ことしろぬし》と一対で祭られている女神である。

下照比売神という神名から、その神格は上から下を照らす太陽神を意味している。

下照比売神は、葛城で信仰された太陽女神だが、この女神のことは後述する。

鉄器を意味するアヂスキタカヒコネ神

アヂスキタカヒコネ神について、もうすこしくわしく見てみよう。

十掬剣で喪屋を切り伏せていることに、この神の特徴がよく表われている。十掬剣とは、剣《つるぎ》の全長が柄《つか》の十倍、おそらくは一メートル前後もある長大な剣であろう。『記』は、これのまたの名を「大量《おおはかり》・神度剣《かみはかりのつるぎ》」、『紀』は「大葉刈《おおはかり》」と伝え、いずれもよく切れる立派な刀剣を意味する。

このことから、アヂスキタカヒコネ神は、刀剣をはじめとする貴重な鉄製の利器《りき》を神格化した神であると見られる。それは、神名の解釈からも肯定される。

すなわち、「アヂ」は勝《すぐ》れていること、「スキ」は古代には耕作に用いる鉏《すき》だけでなく刀剣などを、「タカヒコネ」は鎮座地と男神を示している。原料を輸入に頼っていた古代には、鉄製品は貴重であり、誰もが容易に入手できるものではなかったのである。

高鴨神社の鎮座する鴨神に南接するのが、西佐味《にしさび》・東佐味であるが、ここは葛城襲津彦が新羅から連れ帰った漢人《あやひと》の祖を住まわせた四邑《よつむら》の中の佐糜《さび》にあたることは先に触れた。サビ・サミは刀剣を意味し、彼らが金属、特に鉄の工人集団であったことを示している。

要するに、すぐれた鉄製利器を意味するアヂスキタカヒコネ神は本来、葛城襲津彦が連れ帰った渡来系金属工人集団である佐味村主《さびのすぐり》氏や高宮村主《たかみやのすぐり》氏を中心とする南郷遺跡群の渡来系工人集団が信仰していた神であった。

その信仰が葛城地域に広く受容され、この地を代表する神として祭られるようになったのであろう。その祭儀は、葛城の鴨氏が担っていたと見られる。

鴨都波《かもつば》神社と国譲《ゆず》り神話

標高の高い高鴨神社に対して、平坦地である葛城川上流西岸の御所市宮前《みやまえ》町に鎮座するのが鴨都波神社（写真10）で、主となる祭神は事代主命《ことしろぬしのみこと》である。この神も、国譲り神話に登場する。

写真10 鴨都波《かもつば》神社

事代主命《ことしろぬしのみこと》を祭る。奈良県御所市

アヂスキタカヒコネ神のことがあった後、国譲りの交渉に建御雷神《たけみかづち》と天鳥船神《あめのとりふね》が出雲《いずも》国に派遣された。大国主神《おおくにぬし》は自身で決断できず、子の事代主神《ことしろぬし》が受諾《じゅだく》すると返答した。その弟の建御名方神《たけみなかた》も信濃《しなの》国の諏訪湖岸まで追い詰められて承諾し、国譲りが決定した。

国譲りの行なわれた後に天孫《てんそん》が降臨《こうりん》することになるが、もちろん史実とは別のことである。

ただし、そこには古代の人々の神観《かみ》念や信仰、祭祀儀礼などが反映しているから、史料の少ない時代を考察するうえで貴重なものといえる。

事代主神（言代主神）については、『紀』神功皇后摂政《せつしょう》前紀に、仲哀《ちゅうあい》天皇が神の言葉を信じなかったことが原因で急死したため、神功皇后が自《みずか》ら神主《かんぬし》になり、武内宿禰には琴《こと》を弾《ひ》かせ、中臣烏賊津使主《なかとみのいかつおみ》は神託《しんたく》を聞き意味を説く役の審神者《さにわ》に任じて、神の名を尋《たず》ねた。すると、答えがあった。とあり、その神々の中に「天事代虚事代玉籤入彦厳之事代神《あめにことしろそらにことしろたまくしいりびこいつのことしろ》」の名が見える。

また、大海人《おおあま》皇子（後の天武天皇）と大友《おおとも》皇子が天皇位を争った天武元（六七二）年の壬申《じんしん》の乱の際に、高市郡大領《たいりょう》の高市県主許梅《たけちのあがたぬしこめ》が神がかりして「事代主神」の名を口走ったとある。要するに、コトシロヌシとは神がかりに由来する名であり、神の託宣《たくせん》・神の意思を伝える役を神格化したものである。

鴨都波神社鎮座地の南南西に隣接する、御所市三室《みむろ》に円錐《えんすい》形の小山がある。ミムロは、大物主《おおものぬし》神の神体山である三輪《みわ》山を御諸《みもろ》山ともいうように、神の依《よ》りつく神籬《ひもろぎ》であり、神の宿る所の意である。同様の地名は、奈良県生駒郡斑鳩町・三郷《さんごう》町などにも分布する。

この円錐形の小山は、実在の不確かな第五代孝昭《こうしょう》天皇の掖上博多山上陵《わきがみのはかたやまのうえのみささぎ》の所在地に指定されているが、本来は鴨都波神社の祭祀にかかわる山であったと考えられる。おそらく、古くは葛城山に天降った神を三室の山に招き、鴨都波神社の地で祭祀を行なっていたのだろう。

もちろん、その祭りは葛城の鴨氏が執《と》り行なっていた。

ワニになった事代主神《ことしろぬしのかみ》

事代主神には、海洋的な性格が濃厚に見える。さきほどの国譲り神話で、その可否を大国主神から諮問《しもん》された際に、事代主神は美保関《みほのせき》〔島根県松江《まつえ》市美保関〕の沖で、鳥の遊びと魚釣りをしていたという。

古代の遊びは、現在のそれとは意味が異なる。それは、神を遊ばせる・神と遊ぶことで、祭祀における儀礼を意味した。今日《こんにち》の神楽《かぐら》などがそれにあたる。

鳥については、神や霊の乗りもの、さらには神や霊が鳥そのものに変じて去来するという、鳥霊《ちょうれい》信仰が古くから存在した。事代主神は美保関の沖で、鳥を用いた祭儀をしていたのである。

魚釣りも、『紀』神功皇后摂政前期に神功皇后が鮎《あゆ》釣りをして、事の成就《じょうじゅ》を占《うらな》ったと伝えられるように、祭事に関する行為である。このことは、神の意思を占い知るという、鮎の名からも肯定される。

事代主神は、国譲りの可否について、海へ出て鳥を使い魚を釣ることで、神の真意を測《はか》っていたのであろう。

神話を載せる『紀』神代紀《じんだいき》には、本文とは異なる所伝である「一書《あるふみ》」が多く記されている。素戔鳴尊《すさのおのみこと》が高天原から追放され、出雲で活躍する神話を記した神代紀第八段の第六の一書に、
事代主神が八尋熊鰐《やひろわに》に変化《へんげ》して、三嶋溝橛姫《みしまのみぞくいひめ》の元に通って生まれたのが、姫踏《ひめた》鞴五十鈴姫命《たらいすずひめのみこと》である。彼女は、神日本磐余彦火火出見《かむやまといわれひこほほでみ》（神武《じんむ》）天皇の后《きさき》になった。

とある。

大阪府茨木《いばらき》市に式内社の溝咋《みぞくい》神社が鎮座するが、事代主神は巨大なワニ（鰐鮫《わにざめ》）

に化《な》って、その地の女性・三嶋溝橛姫と交わり、初代天皇神武の皇后となる女性を産んだというのである。

神と結ばれることを神婚《しんこん》というが、神の化《か》したワニとの神婚伝承には、海幸彦山幸《うみさちひこやまさち》彦《ひこ》神話で、海神《わたつみ》の娘・豊玉毘売《とよたまひめ》が八尋和邇《やひろわに》に変じて、鵜葺草葺不合命《うかやふきあえずのみこと》（神武天皇の父）を出産した物語が知られている。この場合は、女性がワニに変じているが、ワニは海神の象徴であり、海神そのものでもある。

ちなみに、摂津国島下郡《しましも》には式内社の三島鴨神社《みしまかも》も鎮座し、鴨氏の居住が想定される。この三島鴨神社の比定社には、大阪府高槻市三島江《たかつきみしまえ》の三島鴨神社と、高槻市赤大《あかお》路《じ》町の鴨《かも》神社があり、さだまっていない。

これらの神話は、山里《やまざと》の葛城では思いもよらない内容であるが、葛城の鴨氏が祭った事代主神にこのような神話が伝えられるということは、鴨氏そのものの性格を反映している。

すなわち、葛城氏が西日本の水運・海運網を掌握して対外交渉を主導していたことから見れば、何の不思議もない。鴨氏は葛城氏の下で、水運・海運網の維持、経営に従事していた。葛城の鴨氏は、葛城氏政権で不可欠だった海洋民との交渉や水運網の経営を担っていたのである。

二〇〇〇年に発掘された、鴨都波一号墳

鴨都波神社で留意しなければならないことは、神社が弥生時代の大規模遺跡として知られる鴨都波遺跡の上に鎮座していること、さらに近年の調査で、それが古墳時代後期まで続く、広範囲な遺跡であると判明したことである。

発掘調査は昭和三十五（一九六〇）年からだが、昭和四十年以降の調査で、遺跡は鴨都波神社鎮座地だけでなく、西・南・東方に広がり、弥生時代前期から古墳時代後期まで存続することがあきらかになり、弥生時代だけでも二〇棟近くの竪穴式住居址《あと》が検出されている。

神社鎮座地の下層は、南北約五〇〇メートル、東西約四五〇メートルという弥生時代前期から後期に至る拠点的な大集落遺跡であり、大規模なV字型溝《みぞ》・掘立柱高床建物址・竪穴式住居址・多量の土器や石器・木製品（鋤《すき》・鍬《くわ》・臼《うす》・弓・容器類など）・炭《たん》

化米《かこめ》・瓜《うり》・ひょうたん・クルミなどが出土した。

近年に耳目《じもく》を集めたのは、鴨都波神社の西方で、平成十二（二〇〇〇）年に行なわれた第十五次調査の成果である。

水田耕作により、遺跡の上層部は削平《さくへい》されていたものの、弥生時代中期前半の浅い溝が取り巻き、低い墳丘を持つ方形周溝墓《ほうけいしゅうこうぼ》二基・古墳時代前期の方墳《ほうふん》三基・古墳時代前期から中期の墳丘がない木棺墓《もっかんぼ》六基・古墳時代前期の朝顔形埴輪《あさがおがたはにわ》を棺《ひつぎ》に転用した埴輪棺墓《はにわかんぼ》・意図的に掘られた弥生時代から古墳時代の土坑《どこう》一〇数基・片方を塀《へい》で遮蔽《しゃへい》された掘立柱建物址二棟など、多くの遺構・遺物が検出された。

時代をまたいで多様な様式の墳墓が検出されたことから、ここは鴨都波遺跡に居住した集団の永続的な墓域であったと見てよい。土坑からは、硬玉《こうぎょく》製勾玉《まがたま》や焚火《たきび》の痕跡が検出されており、掘立柱建物も片方を塀で遮蔽することなどから、これらも墳墓《ふんぼ》・喪葬《そうそう》にかかわる儀礼用の施設と見られる。

考古学では、さまざまな科学的技法を用いて遺構・遺物の分析を進めているが、そのひとつに木材の年輪から年代を測定する方法がある。今回の調査でもそれを用いて、ふたつの木棺の年輪年代を測定したところ、二三六年と二八八年という結果が出た。これらの木材はそれ以降に伐採され、棺に加工されたわけで、それは四世紀前半頃と推定されている。

要するに、弥生時代中期前半から古墳時代中期まで継続的に利用された、鴨都波遺跡の墓地・墓域が検出されたのである。

このことは、鴨都波遺跡を拠地とした集団が弥生時代から古墳時代まで、途切《とぎ》れることなく存続していたことを意味する。

とりわけ注目されるのが、古墳時代前期の鴨都波一号墳である。これは南北二〇メートル、東西一六メートル、幅三～五メートルの隍《ほり》がめぐる方墳であるが、墳丘中央から粘土《ねんど》でおおわれた高野槙《こうやまき》の木棺が出土した。その棺身《かんしん》は幅四三センチ、長さ四・三メートルという長大なものである。

棺の内外からは三角縁神獣鏡《さんかくぶちしんじゅうきょう》四・鉄製の剣五以上・刀二・鏃《やじり》二五・槍《やり》一・斧《おの》三・鉇《なた》五・矢を入れて背中に負う漆塗《うるしぬ》りの靫《ゆぎ》・漆塗りの盾《たて》・甲《かぶと》・硬玉製勾玉・碧玉《へきぎょく》製管玉《くだたま》五、ガラス小玉四四など、多様な副葬品（写真11）が出土した。鴨都波一号墳は小規模な方墳であるが、四面の三角縁神獣鏡や多量の鉄製品の副葬には、目を見張るものがある。

鴨都波神社の鎮座から見て、鴨都波一号墳の被葬者が鴨氏に連なる人物であることはまちがいないであろう。鴨都波遺跡の内容は、鴨氏が古い起源を持つ集団であることを物語るが、鴨都波一号墳の副葬品は、葛城氏政権下で鴨氏が担っていた職務を示唆している。

写真11
鴨都波《かもつば》一号墳（合成写真）

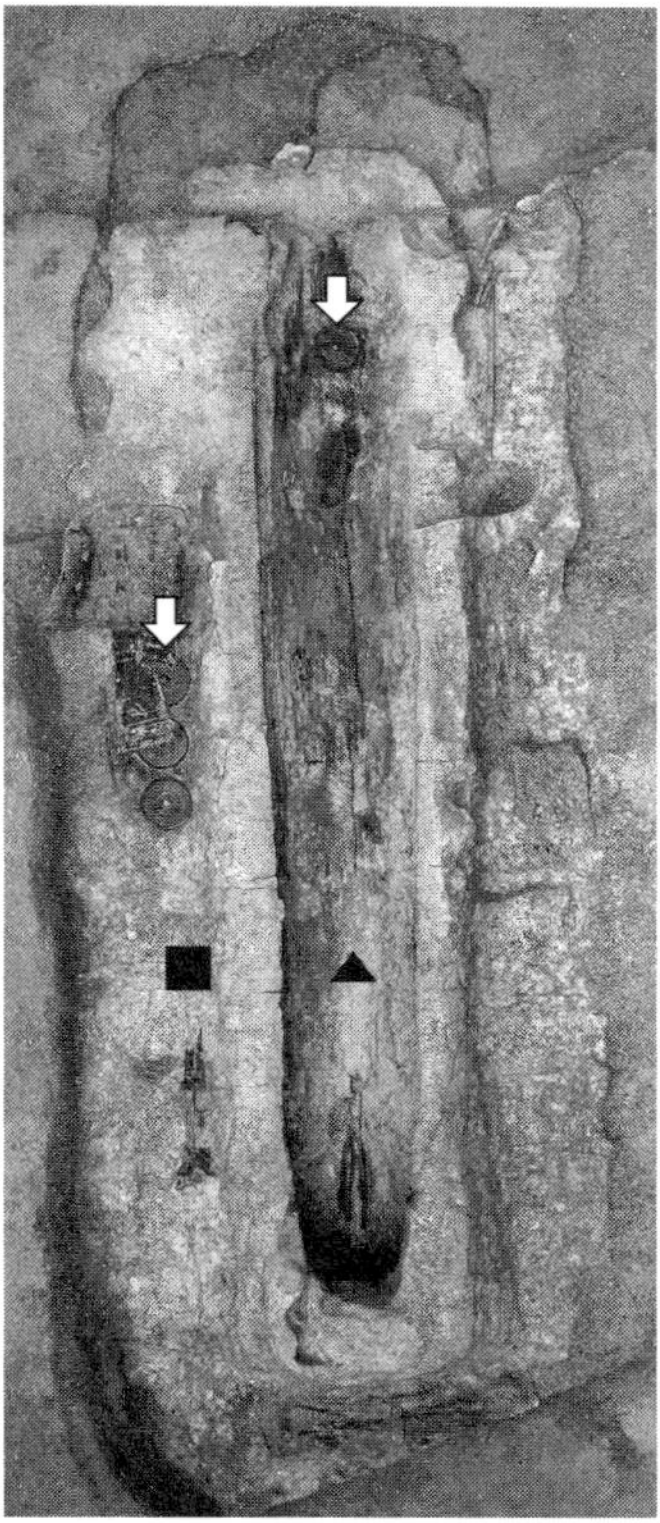

粘《ねん》土《ど》槨《かく》（■）に囲まれた木棺（▲）と、三角縁神獣鏡《さんかくぶちしんじゆうきよう》（⇩）
（写真／奈良県御所市教育委員会）

朝廷の祭祀《さいし》に見られる葛城氏の影響

葛木御年神社《かつらぎみとし》（写真12）は、奈良県御所市東持田《ひがしもちだ》に鎮座する。祭神《さいじん》は御歳神《みとしのかみ》であり、「御」は美称《びしょう》、「歳神」は穀物、特に稲穀《とうこく》の神霊を意味する。平たくいえば、稲の神のことである。

律令制下において、朝廷が行なう祭祀でもっとも重要なのは、天皇の即位の際に行なわれる践祚《せんそ》大嘗祭《おおなめのまつり》である。しかし、これは天皇の即位がなければ催行されないから、通常は祈年祭《としごいのまつり》や新嘗祭《にいなめのまつり》が重要とされた。

祈年祭と新嘗祭は、一年で対《つい》になる祭りと位置づけられるが、前者は穀霊に一年の豊穣《ほうじょう》を祈願する予祝《よしゅく》の祭り、後者は収穫に感謝する祭りである。その祈年祭は、朝廷が全国の官社《かんしゃ》にお供えものを班《わか》って行なわれたが、その際、葛城御歳神（葛木御年神社）には特別に「白馬《はくば》・白猪《はくちょ》・白鶏《はつけい》」を奉《たてまつ》るきまりだった。

その祈年祭の起源の神話が、大同《だいどう》二（八〇七）年に斎部《いんべの》（忌部）広成《ひろなり》が撰述した『古語拾遺』に記されており、その祭儀の由来を考えるうえで貴重である。神話の概要を左に記すが、やや難解な内容である。

写真12　葛木御年《かつらぎみとし》神社

全国の御歳（大歳）神社の総本社。奈良県御所市

むかし神代《かみよ》に、大地主神《おおなぬし》が田を耕作する日に、牛の宍《しし》（肉）を農民にふるまった。その時、御歳神の子が田に行って、御馳走《ごちそう》（宍）に唾《つば》をかけて帰り、御歳神に情況を報告した。御歳神は怒って、蝗《いなご》（稲を食い荒らす害虫）を発生させて田の苗《なえ》を枯れさせた。困った大地主神は原因を占ったところ、「御歳神の祟《たた》りである。白猪・白馬・白鶏を献じて怒りを解《と》くべきである」との言《ことば》をえた。その通りにすると御歳神は、「麻柄《あさがら》・麻葉《あさのは》・天押草《あめのおしくさ》（ごまのはぐさ）・烏扇《からすおおぎ》を用いて蝗を払い除きなさい。それで効果がなければ、牛の宍・男茎形《おはせかた》（男根形）・薏《つす》

子《だま》(数珠玉《じゅずだま》)・蜀椒《なるはじかみ》(山椒《さんしょう》)・呉桃葉《くるみのは》・塩を田の畔《あぜ》に置けばよい」と語った。その通りにしたところ、再び豊穣になった。これが今、神祇官《じんぎかん》が白猪・白馬・白鶏をお供えして、御歳神をお祭りする起源である。

長くはないものの、複雑な展開を示すこの神話の分析・考察には、煩瑣《はんさ》な手続きが必要ゆえ、ここでは御歳神の祭祀に関する結論のみを述べることにする。

○牛とその肉が神話の重要な要素であることから、本来の御歳神の祭儀は、耕作はじめの日の祭儀で、牛を犠牲《いけにえ》として肉を供える、殺牛農耕祭祀《さつぎゅうのうこう》であった。律令制下で一年の豊穣を祈る祈年祭に、特別に御歳神へ「白馬・白猪・白鶏」を奉《たてまつ》るのはそのことの遺制であり、「白馬・白猪・白鶏」も本来は犠牲であった。

○大同三(八〇八)年成立のわが国最古の医薬書、『大同類聚方《だいどうるいじゅうほう》』には、麻をはじめとするこれらの植物について、薬剤《やくざい》としての効能と使用法が記されている。すなわち、これらはすべて薬用植物であり、葛城の地域に御歳神の信仰と祭儀を持ち込んだのは、牛を飼育するだけでなく、薬学的知識に長《た》けた渡来系集団であったと見られる。

これにかかわり、『紀』の天武天皇朱鳥《しゅちょう》元（六八六）年四月条に「侍医《おもとくすし》桑原村主《くわはらのすぐり》訶都《かつ》」、『続日本紀』の文武《もんむ》天皇三（六九九）年正月条にも「内薬官《うちのくすりのつかさ》桑原加都《くわはらのかつ》」の名が見え、葛城襲津彦が連れ帰ったという四邑の漢人の後裔の中に、医薬の専門家がいることも傍証になろう。

ちなみに、わが国における殺牛祭祀の物語としては、『記』応神天皇段の新羅から渡来したという「天之日矛《あめのひぼこ》」伝説、『紀』垂仁天皇二年是歳一云条の意富加羅《おおから》国王子「都怒我阿羅斯等《つぬがあらしと》」の渡来説話などが知られている。

これらは、いずれも大阪市東成《ひがしなり》区に鎮座する（元の鎮座地は同市天王寺《てんのうじ》区）名神大社・比売許曾《ひめこそ》神社（写真13）の起源神話である。比売許曾神の名について、『記』は阿加流比売《あかるひめ》神と伝えるが、『延喜式』には下照比売《したてるひめ》神と記している。アカルヒメ・シタテルヒメともに、明るく照り輝くという太陽神を原義とするから、元は同じ太陽女神であったと見てよい。

この下照比売神については、先に高鴨神社のところで、アヂスキタカヒコネ神の妹の高比売命のまたの名として伝えられることを紹介し、鴨都波神社でも事代主神と対

写真13 比売許曾《ひめこそ》神社

太陽女神・下照比売《したてるひめ》神を祭る。大阪府大阪市

に祭られるように、広く葛城地域で奉斎された太陽女神であると述べた。

下照比売神を祭る比売許曾神社の起源神話である、天之日矛や都怒我阿羅斯等の伝承に殺牛農耕祭祀が語られていることから、下照比売神という太陽女神は元来、殺牛農耕祭祀において祭られる神であったことがわかる。

この下照比売神が葛城でも広く祭られていたこと、葛木御年神社では殺牛農耕祭祀が行なわれていたことなどを考え合わせるならば、葛城で御歳神として祭られたのは、下照比売神だったと考えられる。春の耕作はじめに行なう殺牛農耕祭祀に、下照比売神が御歳神として祭られたのである。このことは、葛城氏の下における渡来系文物の受容状況とも齟齬《そご》するものではない。

つまり、祈年祭は、葛城氏の下に定着した渡来系集団のもたらした祭儀と信仰、特に殺牛農耕祭祀に起源し、後に朝廷がそれを取り込んで制度化したものである。律令政府の重要な恒例国家祭祀の起源が、葛城氏配下の渡来系集団がもたらした信仰と祭儀にあったのである。

神祇祭祀は、わが国固有の伝統、宗教的習俗ととらえられる傾向が強いが、必ずしもそうとは言い切れない面もある。

渡来系集団が、わが国にもたらしたものは、先進の技術や物だけでなく、思想や信仰、祭祀儀礼なども含まれていたのである。

葛木坐一言主《かつらぎにいますひとことぬし》神社の三つの謎

葛上郡の延喜式内名神大社の中で多くの問題点を抱えているのが、御所市森脇に鎮座する葛木坐一言主神社（写真14）である。

まず、葛木坐一言主神社が高鴨神社や鴨都波神社と並び、葛城でもっとも重要な神社であるにもかかわらず、『記』・『紀』の神話に、一言主神がまったく登場しない。次に、葛城氏が一言主神を祭ったと推察されているものの、両者の結びつきが、史料には明確に現われない。

さらに、『記』・『紀』においては、一言主神が雄略天皇の時に名を表わしたと伝えられるが、神と天皇が対立し、あるいは親和的であったという相反する内容の物語が伝えられている。加えて、一言主神が土佐国《とさのくに》〔高知県〕に追放されたと解することも可能な所伝が存在し、この神についての混乱が倍加する。

このような問題をはらむが、一言主神には、葛城氏の謎を解く鍵が秘められているとも考えられる。そこで、まず『記』雄略天皇段の所伝から紹介しよう。

①ある時、雄略天皇が葛城山に登ったところ、大猪《おおいのしし》が出てきた。天皇が音のする鳴鏑《なりかぶら》を射《い》たところ、猪が唸《うな》り声を上げて向かってきた。それを見た天皇は畏《おそ》れて榛《はり》の木に逃げ登り、次の歌を詠《よ》んだ。

やすみしし　我《わ》が大君《おおきみ》の　遊《あそ》ばしし　猪《しし》の病猪《やみしし》の　唸《うた》き畏《かしこ》み　我が逃げ登り

写真14　葛木坐一言主《かつらぎにいますひとことぬし》神社

一言主神を祭る、謎の多い神社。奈良県御所市

し　在丘《ありお》の　榛の木の枝《えだ》

ところが、『記』は続けて、次のことも記している。

②またある時、天皇が葛城山に登った際、紅《あか》い紐《ひも》、青摺《あおずり》の衣服という、天皇の一行とまったく同じ衣装の集団がむかいの山に現われた。天皇は「倭国《やまと》に、私以外に王はいないのに、いったい何者か」といったところ、相手からも同じ言葉が返ってきた。天皇は怒って矢を番《つが》え、従者たちも矢を番えたところ、相手も同

じことをした。天皇は「たがいに名乗りをしてから矢を放とう」といったところ、相手が「吾《あ》は悪事《まがごと》も一言《ひとこと》、善事《よごと》も一言、言い離《はな》つ神、葛城の一言主の大神《おおかみ》である」と語った。天皇は惶《おそ》れ畏《かしこ》んで武装を解き、従者には衣服を脱がせて、拝《おが》み献上した。神は柏手《かしわで》を打ってそれを受け取り、帰る天皇を長谷山口《はつせのやまぐち》まで送り申し上げた。一言主神はその時に顕《あら》われたのである。

ちなみに、雄略天皇の宮は、長谷朝倉宮《はつせのあさくらのみや》（泊瀬朝倉宮）である。初瀬《はつせ》川上流北岸に位置する奈良県桜井市の脇本《わきもと》遺跡からは、五世紀後半・六世紀後半・七世紀後半の直径三〇センチ以上の柱を用いた大型建物や柵《さく》の址《あと》が出土している。

五世紀後半の遺構は雄略天皇の長谷朝倉宮、七世紀後半のそれは天武天皇二（六七三）年に伊勢神宮に赴く大伯《おおく》皇女が忌籠《いみこも》った泊瀬斎宮《はつせのいつきのみや》にあてられる。長谷の地には、二世紀以上にわたって天皇家の主要な殿舎《でんしゃ》が置かれていたのである。

『紀』の関連記事は後に検討することにして、右の『記』の所伝について、要点を記そう。まず、雄略天皇が続けて葛城山に登ったことだが、同じことを連続して行なうことがないとはいえないが、天皇の行為としてはいささか不審である。

古代において、天皇がある地域を巡幸する、特にそこで狩猟をすることは、天皇がその地域を支配していることを象徴する行為である。その地域に対する支配権を示すためにも、古代の天皇は巡幸・巡狩《じゅんしゅ》しなければならなかったのである。

この所伝は、雄略天皇の葛城での巡狩儀礼を象徴している。言い換えるならば、葛城の支配権掌握に関する伝承であったと見てよい。

ところが、ある時は大きなイノシシ（怒猪《いかりい》）が出現し、ある時は一言主神が顕現《けんげん》したという。雄略天皇の葛城山巡狩が二度あったのか、それとも一度のことが異なる内容として伝えられているのか、考えなければならない。これは、イノシシの出現と一言主神の顕現が意味していることともかかわる問題である。そこで、『紀』の関連記事を見てから判断することにしよう。

不思議な霊鳥に助けられた雄略天皇

『紀』も、雄略天皇四年二月条と五年二月条で、雄略天皇の葛城山での狩猟を記している。まず、四年二月条から見てみよう。

A天皇が葛城山で射猟《かり》をしていたら、突然、背の高い人が現われて、谷を隔《へだ》てて向き合った。容姿は天皇に酷似《こくじ》していた。天皇は神だと知っていたが、あえて名を尋《たず》ねた。すると「私は現人之神《あらひとがみ》である。先に王《きみ》が名乗りなさい」と語ったので、「私は幼武尊《わかたけるのみこと》である」と答えた。次に相手は「私は一事主神である」と応じた。そうしてともに狩猟を楽しみ、一匹の鹿を射る際にも譲り合い、恭《うやうや》しくて仙《ひじり》に逢《あ》ったようであった。日が暮れて、神は天皇を来目水《くめがわ》〔高取川《たかとり》〕まで送って行った。人々は「有徳《ゆうとく》天皇」といった。

ところが、五年二月条では次のように記している。

B天皇が葛城山で校猟《かり》をしていたら、地面に引きずるほど尾が長く、雀《すずめ》ほどの小さな霊鳥《あやしきとり》が飛んできて、「努力努力《ゆめゆめ》」（けっして油断しないように）と鳴き知らせた。不意に、嗔猪《いかりい》が草むらから走り出て、人を追いかけた。天皇は舎人《とねり》（従者）に迎え射るように命じたが、臆病《おくびょう》な舎人は木に登り逃げた。嗔猪は突進して天皇に咬《か》みつこうとしたが、天皇は弓で刺《さ》し止《とど》め、足で踏み殺した。天皇は舎人を殺そうとした時、舎人は歌（①とほぼ同じ）を詠んだ。皇后（草香幡梭《くさかのはたび》皇女）は

「嗔猪のことで舎人を斬《き》るのは狼《おおかみ》と異《こと》ならない」と忠告し、天皇はそれを受け入れた。

このように、『記』・『紀』における雄略天皇の葛城山狩猟伝承に関して、記載の順序は反対であるが、その内容や歌謡、神の顕現などから見て、①とB、②とAが対応関係にあることは明白である。「有徳」「仙」などは後世の文飾であり、元はひとつの所伝であったことはまちがいない。

ちなみに、一言主神が雄略天皇を長谷山口あるいは来目水まで送ったとあるのは、天皇家と葛城氏の勢力範囲を示すものと考えられている。

それも一案であるが、第二章で磐之媛の物語から、那羅山→倭《やまと》→葛城高宮という交通路の存在を推定した。

『紀』武烈天皇即位前紀の影媛《かげひめ》の歌謡からは、それは佐保《さほ》〔奈良市北部〕—春日《かすが》〔奈良市の春日山〕—大宅《おおやけ》〔奈良市の白毫寺《びゃくごうじ》〕—高橋〔天理市櫟本町〕—石上《いそのかみ》〔天理市石上〕—倭という、奈良盆地東縁部を結ぶものであったことが知られる。この道は、後に上津《かみつ》道《みち》として整備されるが、長谷山口は三輪山南麓あたりで、そこから南西に進めば畝傍《うねび》山・来目水、さらには葛城に至る。

一言主神が天皇をそこまで送ったということは、葛城氏がこの陸路を利用していたことを間接的に証明する。畝傍山と葛城の間には、南北方向の条里制の地割《じわり》とは異なる、より古いななめの地割の痕跡が認められ、それを元に葛城斜向道路《かつらぎしやこう》が復原されている。

また、ここで来目水が示されることについては、先に触れたが葛城氏にかかわる所伝に紀岡前来目連《きのおかざきのくめのむらじ》が見えること、葛城氏系の顕宗天皇の幼名が来目稚子であること、葛城氏配下の忍海手人と久米直氏が姻戚関係にあったこと、などに引きつけて解することもできる。

なぜ、ふたつの説話は異なるのか

①B、②Aは、はたして一度のことか、二度のことか。断定する材料に欠けるが、主人公と場所を等しくすることから、おそらく一度きりの出来事だったと見てよいと思われる。それでは、どうして内容が異なるふたつの物語として伝えられたのだろう

か。

内容から見ると、「大猪」「嗔猪」が走り出て天皇や舎人が樹上に逃げ登ったという①Bは、雄略天皇の葛城山巡狩の首尾が芳《かんば》しくなかったことを示している。それは、ここに出現したのがイノシシであることからも判明する。イノシシと鹿は縄文時代以来、狩猟の代表的な獲物《えもの》だが、古代史料に見える儀礼的狩猟において、鹿は正《プラス》・イノシシは負《マイナス》の価値を与えられている。

一例を記せば、『記』景行天皇段は、

倭建命《やまとたけるのみこと》は東方遠征の帰途に、伊吹《いぶき》山の神の変じた牛のように大きな白猪に大氷雨《おおひさめ》を降らされ、打ち惑《まど》わされた後、死亡した。

と記している。また『記』仲哀天皇段には、

香坂《かごさか》王・忍熊《おしくま》王の兄弟が、息長帯日売命《おきながたらしひめのみこと》（神功皇后）と御子（後の応神天皇）の殺害計画の成否を狩猟で占ったところ、怒猪が現われて歴木《くぬぎ》の根を掘りおこし、そこに登っていた香坂王を嚙《か》み殺した。

と、先の①Bに類似した物語が伝えられる。

これらを参酌《さんしやく》すれば、イノシシの出現は、雄略天皇の進出に対する葛城の土地を支配する神・地主神《じぬしのかみ》の強い抵抗を表現していると解される。あるいは、地主神そのものが抵抗の意を表明し、イノシシに変じて出現したと暗示していると解することもできよう。神の抵抗とは、現実にはその神を崇《あが》め祭る人々の抵抗である。

これに対して、②Aは、一言主神が顕現し、天皇と神がともに鹿を追い、長谷山口・来目水と場所は異なるが神が天皇を送るという、親和的な関係に語られている。したがって、②Aは、当初の首尾は収めたという立場からの所伝である。それでは、どうして内容の異なるふたつの物語が伝えられたのだろうか。

両者の関係が平穏な②Aは、雄略天皇の立場、王権側の所伝と見てよい。それに対して、危機を語る①Bは、おそらくは葛城氏の立場、ただし葛城氏はすでに滅んでいるから、葛城氏に親近感を有する集団が伝えたものであろう。

これが、葛城円大臣を焼殺した際のことかは不明だが、雄略天皇の葛城山巡狩が葛城地域には大きな画期であったことから、こうしたふたつの立場からの物語が伝えられ、そのまま『記』・『紀』に載録《さいろく》されることになったと考えられる。

これらのことから、一言主神は葛城南部地域の地主神であり、葛城氏が崇《あが》め祭る神であったと考えられる。なお、その神格は「吾は悪事も一言、善事も一言、言ひ離つ神」、すなわち善・悪いずれも一言で言いはなつ神という名乗りから、事代主神と似た託宣神《たくせんしん》であったと見られる。

役小角《えんのおづぬ》に呪術《じゆじゆつ》で縛《しば》られた一言主神

一言主神は葛城氏が敬《うやま》い祭った葛城の地主神だが、葛城氏の滅亡は、この神にも受難であったようだ。

山岳信仰と密教が習合して成立した修験道《しゆげんどう》の開祖として知られる役小角（役行者《えんのぎようじや》）について、『続日本紀』は次のようなことがあったと記している。

役君小角《えのきみおづぬ》（役小角）が、葛木山で修行して呪術を習得し、鬼神《きじん》を使役して水を汲《く》み、薪《たきぎ》を採《と》らせていた。しかし、讒言《ざんげん》されて、文武天皇三（六九九）年五月に流《る》罪《ざい》とされた。

これにかかわり、『日本霊異記』上巻第二十八縁《えん》は、左の説話を載せている。なお、優婆塞《うばそく》とは正式に出家《しゆつけ》をしていない、在家の仏教修行者のことである。

文武朝のこと、大和国葛木上郡茅原《ちはら》村〔御所市茅原〕出身の役優婆塞《えのうばそく》は、孔雀王《くじやくおう》経《きよう》の呪法《しゆほう》を修習し験術《げんじゆつ》を得て、鬼神を使役していた。ところが、葛木山の一語《ひとこと》主《ぬし》神（一言主神）に謀反《むほん》を計画していると讒言され伊豆嶋《いずのしま》に流された。昼は嶋で、夜は富士山で修行を積み、大宝元（七〇一）年に許されたが、一語主神は役行者に呪術で縛られて、今も解脱《げだつ》できないでいる。

第四章でも触れたように鴨氏は、宮内省主殿寮の殿部として、内廷の薪・炭を担当していた。これは、律令制以前からの伝統を踏まえた鴨氏らの職掌であったが、「水を汲み、薪を採る」ことは、鴨氏の職務に通じる。「役《えだち》」とは、その職務のことであり、賀茂役公という氏名《うじな》は、鴨氏そのものを指している。

役行者が呪術を使って一言主神を身動きできなくしているとあるのは、七世紀末において両者の関係がおだやかではなかったことを示すが、ある時期以降には鴨氏と一言主神を祭る人々の間が芳しくなかったのである。つまり、葛城地域における勢力の分裂が想定される。

一言主神は土佐《とさ》国に追放されたのか

葛城地域の権力機構の分裂が、いつのことかあきらかではないが、『続日本紀』は天平宝字八（七六四）年十一月に、

また高鴨《たかかも》神を大和国葛上郡に祀《まつ》らせた。それは、法臣円興《ほうしんえんこう》と弟の賀茂朝臣田守《かものあそんたもり》らが「昔、雄略天皇が葛城山で狩《かり》をした時、老人が現われて獲物を争った。怒った天皇はその人を土左《とさ》国に流したが、これは先祖が掌《つかさど》った神が老人に変化したのである」と申し出たからである。

と記している。鴨氏の尽力で、土佐国に流されていた高鴨神が、再び葛城で祀られるようになったという。

法臣円興は、時の権力僧・道鏡《どうきょう》の有力な弟子だが、右の記事について『続日本紀』は分註《ぶんちゅう》で、「今前記《ぜんき》を検《かむが》ふるに、その事見《こと》ず」とあり、先に記した『記』・『紀』の所伝とは別の出来事と理解していたようである。

高鴨阿治須岐託彦根命神社は、『延喜式』に祭神は四座とあるから、高鴨神はその中の一座と見てよいが、具体的な神格はあきらかではない。関連伝承として、次に引

く『土佐国風土記《とさのくにふどき》』（逸文。『釈日本紀』所引）があるが、事はやや複雑である。

土左《とさ》郡の高賀茂《たかがも》大社の祭神は、一言主尊である。その祖《おや》は詳《つまびらか》でないが、一説に大穴六道尊《おおなむちのみこと》の子の味鉏高彦根尊《あぢすきたかひこねのみこと》であると伝える。

と記し、土佐の高賀茂大社の祭神は一言主尊とある。さらに、一言主尊の祖は大穴六道尊（大国主神）の子である味鉏高彦根尊と伝えられるという異説も記している。

土佐の高賀茂大社は、土佐国土佐郡鎮座の延喜式内大社・都佐坐《とさにいます》神社である。天武天皇四（六七五）年四月や、朱鳥元（六八六）年八月に「土左大神」と見えるから、その頃には朝廷からも祭られる神社だったことはまちがいない。

問題は、『続日本紀』では、雄略朝に土佐国に流されたのが高鴨神であるのに対し、『土佐国風土記』では、都佐坐神社で一言主神が祭られていることである。つまり、一言主神と高鴨神は別の神と見られるから、雄略天皇の時に土佐へ流されたのが、高鴨神か一言主神か、さだかではない。

ちなみに、『新撰姓氏録』の逸文とされる「賀茂朝臣本系《かものあそんほんけい》」に、「役君《えのきみ》、遠江《とおとうみ》、土佐等《など》の国の賀茂宿禰《かものすくね》、鴨部《かもべ》」は同祖とあり、土佐郡鴨部郷〔高知市鴨部《かもべ》〕もあることから、土佐国に鴨（賀茂）氏がいて、都佐坐神社の祭祀に関係したこともまちがいない。

土佐国幡多《はた》郡には、式内社の賀茂《かも》神社〔高知県幡多《はた》郡黒潮《くろしお》町〕が鎮座し、この地にも鴨氏の居住が考えられる。

ただし、土佐郡には延喜式内社で男神・女神が対になる、葛木男《かつらぎのお》神社・葛木咩《かつらぎのめ》神社〔高知市布師田西谷《ぬのしだにしだに》〕も鎮座し、祭神はつまびらかでないが、葛城氏ないしは葛城鴨氏との関係が考えられる。先にも述べたが、葛城氏の同族に布師臣氏がいた。

要するに、ある時期、土佐国に葛城氏系もしくは葛城鴨氏系の集団が移住し、これらの神社を祭っていたのである。それらの神の中に、雄略天皇の時に追放された神もあったようだが、それが高鴨神であったか、それとも一言主神であったのかはわからない。

ただ、雄略天皇の時に、葛城の神々の間に、大きな混乱と受難のあったことはまちがいなかろう。おそらくそれは、葛城の権力機構分裂・葛城氏の滅亡につながる出来事であったことも確かと考えられる。

神話・神社からわかったこと

現在と異なり、古代社会では神々の信仰と祭祀が、生活や政治に大きく重い位置を占めていた。ただし、神は人々の内的《ない》な存在であり、その存在は神話や神社、祭祀儀礼などからしか、確認できない。ある神が集団によって信仰され祭られるということは、その神が集団成員共有の幻想として内在していることを示している。

日常では、神は隠れた存在だが、人々の要請、祭祀に応じて特定の人物に依《よ》り付き(神懸《かみがか》り)、その人物の口を借りて名乗り、存在を顕《あら》わにする。神は、信仰し祭祀する人々に内在するだけでなく、神話や神社、祭祀儀礼に映《うつ》し出され、人々の生活や社会のありようを規制している。

このように、古代の神々や神社、その祭祀儀礼から、古代の歴史を知ることができる。こうした視点から、葛城地域の有力神社である高鴨神社・鴨都波神社・葛木御年神社・葛木坐一言主神社から、古代の葛城と葛城氏の歴史について探ってみた。

その結果、葛城地域の有力神社からうかがい知る歴史は、かなり複雑な展開をしたことが判明した。なかでも、古代の葛城と葛城氏の歴史を考えるうえで重要と思われることを、五つに分けて列記しておく。

①高鴨神社に祭られるアヂスキタカヒコネ神は、鉄製利器を神格化したものである。本来は、葛城襲津彦の連れ帰った渡来系の金属工人集団、佐味村主氏や高宮村主氏を中心とする南郷遺跡群の工人集団が信仰し、祭祀した神であった。その信仰と祭儀が広く受容され、葛城氏政権下で、鴨氏により祭られるようになった。

②アヂスキタカヒコネ神あるいは事代主神の対偶神《たいぐうしん》として祭られる下照比売神は、上から下を照らす太陽神の神格を持つ、太陽女神である。

律令制下でもっとも重要な恒例の国家祭祀である祈年祭は、一年の豊穣を祈願する祭りであるが、それは葛木御年神社の信仰と祭儀を導入して成立したものである。さらにそれは、葛城氏の下に定着した薬学的知識を持つ桑原漢人らの渡来系集団がもたらした、下照比売神を御歳神として祭る殺牛農耕祭祀であった。下照比売神・御歳神の信仰と祭儀も、葛城氏にかかわる渡来系集団がもたらしたものだった。

③鴨都波神社では、葛城山に天降る神を、神社に隣接する円錐形の三室山に招いて祭っていた。その事代主神がワニ（八尋熊鰐）に変化《へんげ》して摂津の三嶋溝橛姫と交わ

り、初代天皇神武の皇后になる姫踏鞴五十鈴姫命をもうける神婚物語から、鴨氏と葛城氏の関係があきらかになった。

鴨氏は、対外交渉を専掌した葛城氏政権下で、もっとも枢要《すうよう》な職務である海洋民との交渉、水運・海運網の維持、経営の実務に従事していたのである。

④鴨都波神社の鎮座地が、弥生時代前期から古墳時代後期にわたる広大な鴨都波遺跡であることも見逃せない。鴨都波神社は、鴨氏が奉斎《ほうさい》したことは確かであるから、鴨都波遺跡の内容は鴨氏の発祥とその後の歴史を語るものでもある。

特に、鴨都波一号墳は小規模方墳だが、四面の三角縁神獣鏡や多量の鉄製品の副葬は、葛城地域の重要性と先進性を示している。今後、鴨都波一号墳を除いて、葛城の鴨氏について論じることはできないであろう。

⑤もっとも難解なのは、葛木坐一言主神社である。雄略天皇の葛城山巡狩の際に一言主神の名を顕《あらわ》したのは、神が正体をあきらかにしたということである。だから、姿が天皇と同じなのであり、古代にはそれがもっとも権威ある姿だった。

しかし、通常にはあり得ないことだから、イノシシ（怒猪《いかりい》）の出現と同じく、本来それも神を祭る人々の反対意志の表明を意味していたと考えられる。

後の史料で、鴨氏にかかわり一言主神や高鴨神の呪縛《じゅばく》や追放・復祀《ふくし》のことが語られているが、それらはこの神に、大きな混乱と受難のあったことを示唆している。おそらくそれは、葛城の権力機構の分裂・葛城氏の滅亡につながる出来事であった。

終　章　新たな謎と今後の課題

謎は解《と》けたか

五世紀に権勢をきわめながら、史上から忽然《こつぜん》と姿を消して、実像が闇《やみ》の彼方《かなた》にあった葛城氏について、考古学などの成果も援用し、かぎられた史料を多角的に分析・考察を進めてきた。推察に頼った部分も少なくないが、ようやくその姿を素描することが可能になるとともに、関連する二、三の問題を解くこともできたと思われる。

具体的には、各章末に要約を記したため繰り返さないが、手続き的にはかなり煩雑《はんざつ》な作業を重ねてきたので、全体像がとらえにくくなっているのではという危惧《きぐ》もある。そこで、特に重要と思われる事柄について列記し、葛城氏の全体像を理解するための一助としたい。

①まず、葛城氏誕生の歴史的状況とその権威の由来・特徴について、葛城氏の祖と伝えられる葛城襲津彦関連の所伝について分析した。葛城襲津彦に関する所伝内容は、すべて朝鮮半島での活動に関するものであり、国内での活動記事は皆無である。

これは、ヤマト王権内での葛城氏の主たる職掌が対外交渉、それも現地に赴《おもむ》いての交渉にあったことを示している。政府としての組織化が未熟で、その職務がそれぞれの氏族に分掌されていた当時のヤマト王権にあって、葛城氏がそうした職掌を担っていたことは、葛城氏自身が独自に国内外の交渉・交通網を保持していたことを示す。

ところが、葛城氏の地域基盤は、海や大河から離れた内陸の山麓、大和の葛城である。周囲を海に囲まれたわが国にあって、現地での対外交渉には、河川・海上交通網の掌握が不可欠である。

②次に、天皇家の姻族としての葛城氏について考察した。第十五代応神天皇から第二十五代武烈天皇までの十一代のうち、第二十代安康天皇と武烈天皇を除く九代までが、葛城氏の女性を母、もしくはキサキとしていた。葛城氏の女性と関係をもたなかった安康天皇は殺害され、武烈天皇は天皇家の系統を次代につなげることができなかった。

五世紀の天皇家の系統は、葛城氏の女性との関係を結べなくなり、断絶した。四世紀末から五世紀代の天皇は、葛城氏の女性なくしてその地位を保つことがむずかしい情況にあったわけで、ヤマト王権内での葛城氏の影響力の大きさが推量される。

しかし、葛城氏は天皇家の姻族として重い地位を占めていたとはいえ、葛城氏が天皇と親和的であった様子はうかがえない。両者はある種の緊張関係にあって、ヤマト王権は両者の権力均衡のうえに成り立っていたと思われる。

その権力均衡が破綻したことで、五世紀ヤマト王権の権力機構は瓦解《がかい》したのであろう。それゆえ、天皇の一族としては、相当な遠縁である第二十六代継体天皇を迎えることで、王権機構の更新を図《はか》らなければならなかったのである。

③葛城氏がヤマト王権の対外交渉を主導するうえで不可欠である西日本の水運・海運網を、主要な氏族と連携することで掌握していたことをあきらかにした。

葛城氏は、近江国坂田郡の息長氏と連携して、淀川・木津川水系の水運網を掌握し、かつ配下の渡来系集団を使って、京都盆地や琵琶湖への交通路も確保していた。そして和珥氏と関係を結ぶことで、この水運網を奈良盆地東山麓の南北経路を経由し、葛城を結ぶ陸路にもつなげていた。

また、葛城氏直属の氏族を河内国・摂津国に配置して、大和川水系と河内湖周辺の水運網を掌握した。これにかかわり、河内湖岸の要港・日下に拠地をさだめる日向諸県君氏系の日下宮王家とも手を結んでいたが、これは葛城氏が南九州に至る海運網を利用するうえで大きな力となった。

さらに、紀氏と結ぶことで吉野川・紀ノ川沿いの交通路を、吉備氏と連携して瀬戸内海沿岸の海運網を利用することができた。もちろん、紀ノ川河口や住吉津、難波津などの重要な港も葛城氏の影響下にあった。

葛城氏の権力は、こうした交通網の掌握によって支えられていたのである。

④近年の葛城南部地域の考古学による発掘調査の成果で、葛城氏とかかわって重要と思われる内容の一端を紹介した。

ヤマト王権の対外交渉を専掌《せんしょう》した葛城氏は、その立場を利用して渡来系集団を取り込むだけでなく、渡来人の有する故地との連絡網を活用して、優先的に先進文物を葛城に導入していたことがあきらかになった。さらに、彼らを中心にして積極的・先進的な生産活動を展開し、他に優越する地位を確立することができた。

ところが、五世紀末頃から六世紀には、葛城地域の遺跡から出土する渡来系遺物が急減し、葛城氏による対外交渉への関与の終了、すなわち葛城氏の衰亡を示す。これは、文字史料から知られる葛城氏の盛衰とも整合的である。

⑤これを受けて、葛城氏の滅亡に関連する記事（事件）の分析を進め、その真相について考察した。反正天皇の殯宮への奉仕を怠慢したことで、允恭天皇に殺害された葛城玉田宿禰の事件は、天皇側が葛城氏と尾張氏の関係を遮断、葛城氏の東海地域との結びつきを断絶しようとする、意図から出たものだった。

雄略天皇による吉備上道臣田狭の任那への派遣は、半ば追放でもあったが、朝鮮半島との対外交渉権掌握に起因する事件だった。それは、対外交渉を主導する葛城氏と瀬戸内海運を掌握する吉備氏の連携を断絶して、その一元化を進めようとする天皇側の方策によって引き起こされた。加えてそこには、吉備氏系皇族の天皇位継承の望みを封殺するという意図も含まれていた。

安康天皇による大草香皇子の殺害に始まり、雄略天皇による葛城円大臣と眉輪王の焼殺で終わる一連の事件からは、葛城氏と日向諸県君氏との連携遮断、日向諸県君氏系の日下宮王家の湮滅《いんめつ》、葛城氏と紀氏の結盟の分断など、天皇側の複合した目的を読み取ることができた。これにより葛城氏は、河内湖岸の要港である日下津、および対外交渉には不可欠な九州の豪族との結びつきも断たれたのである。

葛城氏と結盟してその権力を構成した尾張氏・吉備氏・紀氏・日向諸県君氏らは、いずれも配下に海洋民を擁する海運に長けた豪族である。葛城氏がヤマト王権の対外交渉を展開するうえで彼らの協力は不可欠であったが、その連携を断たれた葛城氏には、もはやその権力体制を維持することは困難だった。

古代史における葛城氏

このようにして、葛城氏政権は瓦解した。これにより、ヤマト王権の対外交渉の一元化はさらに進展したであろうが、失ったものも多く、結果として王権の弱体化を招くことになったのも事実である。

四七五年には、倭国と連携関係にあった朝鮮半島南西部の百済が、高句麗に北から攻められて一時的に滅亡した。

また、少なくとも四二一年以来、九回を重ねてきた中国南朝・宋への遣使朝貢は、四七八年の一〇回目をもって途絶《とだ》えるが、いずれも葛城氏の滅亡に連動した出来事であったと見られる。

葛城氏は、ヤマト王権の対外交渉を主導したことで大きな権力を手にしたが、その一元的直轄化を目指した天皇家に滅ぼされてしまったのである。

しかし、それによりかえってヤマト王権の対外交渉力は低下、王権自体も弱体化して、その中枢に位置した天皇家の系統を存続できなくなった。

その後の葛城地域と葛城の神々

「今」が「過去」からの続きであるように、いつの時代も過去の影響から逃れることはできない。すなわち、歴史は常に後世に影響をおよぼしているのである。

葛城氏が大きな権力を握り、ヤマト王権内で重い位置を占めたことは、後の歴史にもさまざまな影響を与えている。その象徴が、葛木御県と忍海評である。

葛木御県は、特別に宮廷へ献上する食材を生産した天皇家の直轄的所領、倭国の六御県のひとつだったが、葛城円大臣が眉輪王助命の際に差し出した「葛城宅七区」（五処之屯宅）に起源する。

これは、葛城氏系の清寧天皇で天皇家の系統が絶えた際に、一時的にヤマト王権の政務を執《と》った葛城氏系の飯豊皇女の忍海角刺宮にあてられて以来、天皇家直轄の所領となったことに始まる。

その後、葛城氏の職位と権益を継承して権勢をきわめる大臣・蘇我馬子が、その割譲を要請しても、推古天皇は承諾しなかった。これは、葛木御県の来歴を踏まえてのことである。重い歴史を負った地域であったため、領域がきわめて狭隘であったにもかかわらず、大化後に忍海評が置かれ、大宝律令の施行によって忍海郡となり、明治三十（一八九七）年まで存続した。

なお、飯豊皇女の後は、播磨国で見出された葛城氏系の顕宗天皇・仁賢天皇が即位する。彼らは二世王（天皇の孫）であるが、それ以前に、二世王の即位は第十四代の仲哀天皇（景行天皇の孫、日本武尊《やまとたけるのみこと》の子）ただひとりであり、非常に特異なことであった。これは、五世紀の天皇家の系統が断絶する危機に対する、ヤマト王権再構築の試《こころ》みと解されるが、そのもくろみは成功しなかった。

古代社会では神々の祭祀が、生活や政治に大きく重い位置を占めていた。葛城氏の衰亡は、葛城地域の神々の世界に大きな影響を与えたであろうが、神々の祭祀が消滅したわけではなかった。

葛城地域の有力神社である高鴨神社・鴨都波神社・葛木御年神社・葛木坐一言主神社は、葛城地域と葛城氏の歴史を考察するうえで欠かすことができない重要な神社である。

高鴨神社に祭られるアヂスキタカヒコネ神は、鉄製利器を神格化したものである。本来は、葛城襲津彦の連れ帰った渡来系金属工人集団、佐味村主氏や高宮村主氏を中心とする南郷遺跡群の渡来系工人集団が信仰・祭祀した神であった。その信仰と祭儀が広く受容され、葛城氏政権下で、鴨氏により祭られるようになる。

鴨都波神社では本来、葛城山に天降る神を、神社に隣接する円錐形の三室山に招き、祭っていた。その信仰が広く受容されたアヂスキタカヒコネ神と事代主神は、鴨氏がその祭祀を担っていた。

その事代主神がワニ（八尋熊鰐）に変化して、摂津の三嶋溝橛姫と交わり、神武天皇の皇后になる姫踏韛五十鈴姫命を生むという神婚《しんこん》神話からは、鴨氏が葛城氏政権において、海洋民と交渉して水運・海運網の維持、経営の実務に従事していたことがあきらかになった。

鴨都波神社の鎮座地は、弥生時代前期から古墳時代後期にわたる、広大な鴨都波遺跡であり、特に鴨都波一号墳に四面の三角縁神獣鏡や多種多量の鉄製品が副葬されていたことは、鴨氏の発祥が古く、かつ渡来系集団との結びつきを示すものとして注目される。

アヂスキタカヒコネ神・事代主神の対偶神でもある下照比売神は、葛城で信仰された太陽女神である。もっとも重要な恒例の国家祭祀である祈年祭は、葛木御年神社の信仰と祭儀を導入して成立したものである。本来それは、葛城氏の下に定着した薬学的知識を持つ桑原漢人ら渡来系集団のもたらした、春の耕作のはじめに牛を犠牲にして肉を供え、下照比売神を御歳神（穀霊）として祭る、殺牛農耕祭祀であった。

アヂスキタカヒコネ神や御歳神など、渡来系集団のもたらした信仰と祭儀が色濃いことが、葛城の神々の大きな特徴であるが、葛城氏の権力基盤とも矛盾しない。

雄略天皇の葛城山巡狩の際に名を顕《あらわ》した一言主神のことは、もっとも難解である。

しかし、通常はあり得ない神の姿の顕現は、イノシシ（怒猪）の出現と同じく、本来はその神を祭る人々の反対意志の表明である。

また、鴨氏のかかわる所伝で一言主神の呪縛や追放・復祀が語られていることは、この神に大きな混乱と受難のあったことを示唆している。それは、葛城氏と祭祀をも担っていた鴨氏の分裂、葛城氏の滅亡につながる出来事であったと考えられる。葛城氏権力の崩壊が、一言主神の追放として語り伝えられたのである。

今後の課題

これまで、葛城氏が強大な権力を手にするのは早くても四世紀後半以降のことと見られてきたが、近年それに再考を迫《せま》る遺跡が相次いで発見された。そのひとつ、鴨都波遺跡の鴨都波一号墳については前項で述べた。

さらに、平成二十一（二〇〇九）年以降の自動車専用道路建設にともなう発掘調査で、宮山古墳東方の平坦部に位置する御所市池之内・條《じょう》の秋津《あきつ》遺跡（写真15）から、梁行《はりゆき》七メートル以上の大型のものを含む掘立柱建物跡を囲む、四世紀代前半の大規模

写真15　古代の祭祀《さいし》空間か

秋津遺跡から出土。祭祀空間を方形《ほうけい》に囲った板塀《いたべい》の可能性が指摘されている　　　　（写真／奈良県立橿原考古学研究所）

な板塀《いたべい》状の方形《ほうけい》区画遺構（少なくとも三回の造替《ぞうたい》を確認）が七基も出土した。方形区画の規模は南北三二メートルと五〇メートル、東西五〇メートル以上という大規模なもので、その周囲からは多数の竪穴住居跡も出土している。遺物には対外交渉を思わせるものも多く、韓式系をはじめ東海・北陸・山陰・東部瀬戸内地域の土器・須恵器・製塩土器・鞴羽口・鉄滓・銅鏃《どうぞく》・馬歯《ばし》なども出土した。

出土した土器の示す地域が、葛城氏が掌握した水運・海運網にかかわるそれとほぼ重なる点にも注目される。

この秋津遺跡や二〇〇〇年に発掘された鴨都波一号墳の調査結果は、葛城地域の古代史の展開、特に葛城氏の発祥と対外活動を四世紀前半にまでさかのぼって考え直す必要があること示している。

その後、御所市條の秋津遺跡に南接する場所から、弥生時代前期の中西《なかにし》遺跡（写真16）が出土した。

中西遺跡からは、弥生時代前期（二六〇〇年〜二四〇〇年前）の二万五〇〇〇平方メートルという広域な遺構が検出された。それは巨勢《こせ》山丘陵のゆるやかな扇状地に位置

写真16　弥生時代の水田跡《あと》

秋津遺跡に隣接する中西遺跡から出土。弥生時代前期の最大の水田跡　　（写真／奈良県立橿原考古学研究所）

し、曽我《そが》川支流の満願寺《まんがんじ》川を利用する、一八〇〇枚の大規模な水田遺構である。一枚当たりの面積は一〇～一五平方メートル、畳《たたみ》なら六～八畳程度という小規模な水田である。弥生時代前期前半・前期後半・前期末の三期が確認され、継続的に水田経営が行なわれ、時期が下るにしたがって水利技術に進歩が見られる。

問題は、秋津遺跡との関連である。両遺跡の間には、約七〇〇年前後の時間があるが、中西遺跡の水田が秋津遺跡下層にまでおよんでおり、秋津遺跡を営んだ集団が中西遺跡の存在を意識し、重要な歴史的伝統を負う特別な地域と観念していたことはまちがいなかろう。

また、中西遺跡は弥生時代前期末までのものであるが、中期から後期にかけて水田域は西方・北方地域に拡大していくから、集団そのものが遠方に移動、もしくは廃絶したわけではなく、存続した可能性が高い。

鴨都波遺跡から、後に鴨氏を称する集団の始原が弥生時代にあり、それが古墳時代まで存続することがあきらかになったが、葛城氏についても同様な検討が必要な段階に至っている。その具体的な分析と考察は、今後の課題である。

参考文献

朝尾直弘・網野善彦・石井進・鹿野政直・早川庄八・安丸良夫編『岩波講座　日本通史』第二巻　岩波書店　一九九三年
井上光貞著『日本古代国家の研究』岩波書店　一九六五年
近江俊秀著『古代国家と道路』青木書店　二〇〇六年
近江俊秀著『道が語る日本古代史』朝日新聞出版　二〇一二年
大橋信弥著『日本古代の王権と氏族』吉川弘文館　一九九六年
改訂新庄町史編集委員会編『改訂　新庄町史』本編　一九八四年
梶山彦太郎・市原実著『大阪平野のおいたち』青木書店　一九八六年
加藤謙吉著『吉士と西漢氏』白水社　二〇〇一年
門脇禎二著『葛城と古代国家』教育社　一九八四年
門脇禎二・狩野久・葛原克人編『古代を考える　吉備』吉川弘文館　二〇〇五年
狩野久著『日本古代の国家と都城』東京大学出版会　一九九〇年
鎌田元一著『律令公民制の研究』塙書房　二〇〇一年
岸俊男著『日本古代政治史研究』塙書房　一九六六年

岸俊男著『日本古代文物の研究』塙書房　一九八八年
国立歴史民俗博物館編『国立歴史民俗博物館研究報告』第88集　二〇〇一年
小林敏男著『古代王権と県・県主制の研究』吉川弘文館　一九九四年
佐伯有清編『雄略天皇とその時代』吉川弘文館　二〇〇七年
佐伯有清著『新撰姓氏録の研究　考證篇』第一～六　吉川弘文館　一九八八年
栄原永遠男著『紀伊古代史研究』思文閣出版　二〇〇四年
坂元義種著『倭の五王』教育社　一九八一～一九八三年
白石太一郎著『古墳とヤマト政権』文藝春秋　一九九九年
新庄町教育委員会・奈良県立橿原考古学研究所編『寺口忍海古墳群』一九八八年
薗田香融著『日本古代の貴族と地方豪族』塙書房　一九九二年
田中卓著『日本古典の研究』皇學館大學出版部　一九七三年
塚口義信著『神功皇后伝説の研究』創元社　一九八〇年
塚口義信著『ヤマト王権の謎をとく』学生社　一九九三年
都出比呂志著『古代国家はいつ成立したか』岩波書店　二〇一一年
直木孝次郎著『難波宮と難波津の研究』吉川弘文館　一九九四年

直木孝次郎・小笠原好彦編著『クラと古代王権』ミネルヴァ書房　一九九一年
中村修也著『秦氏とカモ氏』臨川書店　一九九四年
奈良県教育委員会編『新庄町地光寺発掘調査概報』一九七二年
奈良県御所市教育委員会編『鴨都波1号墳調査概報』学生社　二〇〇一年
奈良県御所市教育委員会編『古代葛城とヤマト政権』学生社　二〇〇三年
奈良県立橿原考古学研究所編『大和国条里復原図』吉川弘文館　一九八一年
奈良県立橿原考古学研究所編『南郷遺跡群』Ⅰ～Ⅴ　一九九六年～二〇〇三年
奈良県立橿原考古学研究所附属博物館『葛城の古墳と古代寺院』一九八一年
奈良県立橿原考古学研究所附属博物館『古代葛城の王』一九九五年
奈良県立橿原考古学研究所附属博物館『葛城氏の実像』二〇〇六年
奈良国立文化財研究所編『平城京　長屋王邸宅と木簡』吉川弘文館　一九九一年
仁藤敦史著『古代王権と都城』吉川弘文館　一九九八年
日本仏教史の研究会編『日本仏教史の研究』永田文昌堂　一九八六年
花田勝広著『古代の鉄生産と渡来人』雄山閣　二〇〇二年
坂靖・青柳泰介著『葛城の王都　南郷遺跡群』新泉社　二〇一一年
日野昭著『日本古代氏族伝承の研究』永田文昌堂　一九七一年

平林章仁著『鹿と鳥の文化史』白水社　一九九二年
平林章仁著『蘇我氏の実像と葛城氏』白水社　一九九六年
平林章仁著『三輪山の古代史』白水社　二〇〇〇年
平林章仁著『七世紀の古代史』白水社　二〇〇二年
木簡学会編『木簡研究』第27号　二〇〇五年
山尾幸久著『日本古代王権形成史論』岩波書店　一九八三年
山尾幸久著『日本古代の国家形成』大和書房　一九八六年
吉田晶著『吉備古代史の展開』塙書房　一九九五年
吉田孝著『日本の誕生』岩波書店　一九九七年
吉村武彦著『ヤマト王権』岩波書店　二〇一〇年
※『古事記』『日本書紀』『風土記』は日本古典文学大系、『続日本紀』『日本霊異記』は新日本古典文学大系、『魏志』『宋書』『隋書』『古語拾遺』は岩波文庫を使用した（以上、岩波書店）。

切りとり線

★読者のみなさまにお願い

この本をお読みになって、どんな感想をお持ちでしょうか。祥伝社のホームページから書評をお送りいただけたら、ありがたく存じます。今後の企画の参考にさせていただきます。また、次ページの原稿用紙を切り取り、左記まで郵送していただいても結構です。

お寄せいただいた書評は、ご了解のうえ新聞・雑誌などを通じて紹介させていただくこともあります。採用の場合は、特製図書カードを差しあげます。

なお、ご記入いただいたお名前、ご住所、ご連絡先等は、書評紹介の事前了解、謝礼のお届け以外の目的で利用することはありません。また、それらの情報を6カ月を越えて保管することもありません。

〒101―8701（お手紙は郵便番号だけで届きます）
祥伝社新書編集部
電話03（3265）2310
祥伝社ホームページ　http://www.shodensha.co.jp/bookreview/

★本書の購買動機（新聞名か雑誌名、あるいは○をつけてください）

＿＿＿＿新聞の広告を見て	＿＿＿＿誌の広告を見て	＿＿＿＿新聞の書評を見て	＿＿＿＿誌の書評を見て	書店で見かけて	知人のすすめで

★100字書評……謎の古代豪族　葛城氏

名前

住所

年齢

職業

平林章仁　ひらばやし・あきひと

龍谷大学文学部歴史学科教授、博士（文学）。1948年、奈良県生まれ。1971年、龍谷大学文学部史学科卒業。龍谷大学・堺女子短期大学非常勤講師、龍谷大学仏教文化研究所客員研究員を経て、現職。専門は日本古代史、特に神話・古代宗教・氏族など。著作に『蘇我氏の実像と葛城氏』『三輪山の古代史』『七世紀の古代史』『鹿と鳥の文化史』（以上、白水社）、『神々と肉食の古代史』（吉川弘文館）などがある。

謎《なぞ》の古代豪族《こだいごうぞく》 葛城氏《かつらぎし》

平林章仁《ひらばやしあきひと》

2013年 7 月10日　初版第 1 刷発行
2014年11月15日　　　第 3 刷発行

発行者……………竹内和芳
発行所……………祥伝社《しょうでんしゃ》
〒101-8701　東京都千代田区神田神保町3-3
電話　03(3265)2081(販売部)
電話　03(3265)2310(編集部)
電話　03(3265)3622(業務部)
ホームページ　http://www.shodensha.co.jp/

装丁者……………盛川和洋
印刷所……………萩原印刷
製本所……………ナショナル製本

Printed in Japan　ISBN978-4-396-11326-1　C0221

〈祥伝社新書〉
幕末・維新の見方が変わる!

219
お金から見た幕末維新
財政破綻と円の誕生
政権は奪取したものの金庫はカラ、通貨はバラバラ。そこからいかに再建したのか?
作家 渡辺房男《ふさお》

173
知られざる「吉田松陰伝」
『宝島』のスティーブンスンがなぜ?
イギリスの文豪はいかにして松陰を知り、どこに惹《ひ》かれたのか?
作家 よしだみどり

230
青年・渋沢栄一の欧州体験
「銀行」と「合本主義《がっぽんしゅぎ》」を学んだ若き日の旅を通して、巨人・渋沢誕生の秘密に迫る!
作家 泉 三郎

248
上杉茂憲《もちのり》
沖縄県令になった最後の米沢藩主
今も沖縄県民に敬愛されている上杉茂憲。彼の行政改革とは何だったのか?
作家 童門冬二

296
第十六代 徳川家達《いえさと》
その後の徳川家と近代日本
貴族院議長を30年間つとめた、知られざる「お殿様」の生涯
歴史民俗博物館教授 樋口雄彦《たけひこ》